国家数字图书馆工程标准规范成果

国家图书馆视频资源元数据规范与著录规则

段明莲　周　晨　琚存华　主编

國家圖書館出版社

图书在版编目(CIP)数据

国家图书馆视频资源元数据规范与著录规则/段明莲,周晨,琚存华主编. --北京:国家图书馆出版社,2014.6
(国家数字图书馆工程标准规范成果丛书)
ISBN 978-7-5013-5355-2

Ⅰ.①国… Ⅱ.①段… ②周… ③琚… Ⅲ.①中国国家图书馆—视听资料—数据管理—规范 ②中国国家图书馆—视听资料—著录规则 Ⅳ.①G255.73-65

中国版本图书馆 CIP 数据核字(2014)第 086191 号

书　　名　国家图书馆视频资源元数据规范与著录规则
著　　者　段明莲　周　晨　琚存华　主编
丛 书 名　国家数字图书馆工程标准规范成果
责任编辑　金丽萍

出　　版　国家图书馆出版社(100034　北京市西城区文津街 7 号)
(原书目文献出版社　北京图书馆出版社)
发　　行　010-66114536　66126153　66151313　66175620
66121706(传真),66126156(门市部)
E-mail　btsfxb@nlc.gov.cn(邮购)
Website　www.nlcpress.com ——→投稿中心
经　　销　新华书店
印　　装　北京科信印刷有限公司
版　　次　2014 年 6 月第 1 版　2014 年 6 月第 1 次印刷

开　　本　880×1230(毫米)　1/32
印　　张　4.125
字　　数　70千字

书　　号　ISBN 978-7-5013-5355-2
定　　价　35.00 元

《国家数字图书馆工程标准规范成果》
丛书编委会

主　编：国家图书馆

本书编委会

主　编：段明莲　周　晨　琚存华

编　写：王胜清　王一帆　李芙蓉　邱奉捷　陈文广
刘　平　陈艳平　李春明　刘　峥　赵　悦
梁蕙玮　张文静　马宁宁

总　　序

数字图书馆涵盖多个分布式、超大规模、可互操作的异构多媒体资源库群，面向社会公众提供全方位的知识服务。它既是知识网络，又是知识中心，同时也是一套完整的知识定位系统，并将成为未来社会公共信息的中心和枢纽。数字图书馆建设的最终目标是实现对人类知识的普遍存取，使任何群体、任何个人都能与人类知识宝库近在咫尺，随时随地从中受益，从而最终消除人们在信息获取方面的不平等。“国家图书馆二期工程暨国家数字图书馆工程”是国家“十五”重点文化建设项目，由国家图书馆主持建设，其中国家数字图书馆工程的建设内容主要包括硬件基础平台、数字图书馆应用系统和数字图书馆标准规范体系。

标准规范作为数字图书馆建设的基础，是开发利用与共建共享资源的基本保障，是保证数字图书馆的资源和服务在整个数字信息环境中可利用、可互操作和可持续发展的基础。因此，在数字图书馆建设中，应坚持标准规范建设先行的原则。国家数字图书馆标准规范体系建设围绕数字资源生命周期为主线进行构建，涉及数字图书馆建设过程中所需要的主要标准，涵盖数字内容创建、数字对象描述、数字资源组织管理、数字资源服务、数字资源长期保存五个环节，共计三十余项标准。

在国家数字图书馆标准规范建设中，国家图书馆本着合作、开放、共建的原则，引入有相关标准研制及实施经验的文献信息机构、科研机构以及企业单位承担标准规范的研制工作，这就使得国家数字图书馆标准规范的研制能够充分依托国家图书馆及各研制单位数字图书馆建设的实践与研究，使国家数字图书馆的标准规范成果具有广泛的开放性与适用性。本次出版的系列成果均经过国家图书馆验收、网上公开质询以及业界专家验收等多个验收环节，确保了标准规范成果的科学性及实用性。

目前，国内数字图书馆标准规范尚处于研究与探索性应用阶段，国家图书馆担负的职责与任务决定了我们在数字图书馆标准规范建设方面具有的责任。此次将国家数字图书馆工程标准规范研制成果付梓出版，将为其他图书馆、数字图书馆建设及相关行业数字资源建设与服务提供建设规范依据，对于推广国家数字图书馆建设成果、提高我国数字图书馆建设标准化水平、促进数字资源与服务的共建共享具有重要意义。

国家图书馆馆长　周和平

2010 年 8 月

目　　录

前　言

视频资源是指“用于存储活动或静止图像的媒体,所记录的视频需用特定的回放设备(如:录像带播放机或 DVD 播放机等)播放。视频资源既包括用数字信号存储的视频资源,也包括用模拟信号存储的视频资源”。传统的视频资源以“种”或“套”为单位进行著录,运用著录手段描述视频资源的物质外形特征,借助分类标引和主题标引工具揭示视频资源的内容。随着计算机技术与网络技术的发展,传统的著录方式对视频资源的揭示深度有限,已越来越不能满足人们从多个角度查找信息的需求。为了满足网络环境下人们对视频资源描述、组织、利用的需求,视频资源元数据应运而生。

目前,国内外研究人员在不同的领域中从不同角度展开视频资源元数据的研发工作。不同行业机构依据其业务流程,制订结构多样、功能各异的元数据方案。国外具有代表性的视频资源元数据研究项目和元数据方案有:美国卡内基·梅隆大学 Informedia 项目,美国北卡罗莱纳大学开放式数字视频库项目(Open Video Project),美国国会图书馆视音频元数据示范项目(Audio-Visual Prototyping Project),美国、英国、加拿大等国数十个机构共同研究的“视频开发计划”(Video Development Initiative)国际合作项目以及美国“视频信息资源收藏项目”(Moving Images Collections)等。国内具有代表性的视频元数据研究项目及元数据方案有:北京大学信息管理系承担的“视音频信息的元数据与检索的创新研究”国家社会科学基金项目,国家广电总局颁布的《广播电视音像资料编目规范　第 1 部分:电视资料》广电行业标准，以及《中央电视台音像资料编目规则》《国家博物馆元数据规范》等。

随着元数据应用的不断深入，元数据应用和实践需要更具操作性和指导性的文件来规范。恰逢国家数字图书馆工程建设大规模开展，各类数字对象元数据规范的研制成为国家数字图书馆工程建设要解决的关键问题之一。“国家数字图书馆工程专门元数据标准与著录规范——视频资源”项目的主要任务是以《国家图书馆元数据应用规范》《国家图书馆核心元素集》和《国家图书馆专门元数据设计规范》为指导，完成相应的调研报告、元数据规范、著录规则和著录样例的编制。本书即是以该项目的研究成果为基础编写而成。

“国家数字图书馆工程专门元数据标准与著录规范——视频资源”项目是为国家图书馆数字资源建设服务，根据国家图书馆视频资源元数据规范招标指南、技术需求书和合同研制。因此，本书内容主要针对国家图书馆的实际情况。本规范可以直接或经修订后供其他图书馆或信息服务机构利用，但其修订必须遵循本规范的基本原则与扩展原则。

编　者

2013 年 5 月 8 日

第一部分　国家图书馆视频资源元数据规范

1 范围

本规范作为国家数字图书馆工程标准规范建设项目的视频资源元数据部分，适用于国家图书馆视频资源内容和外观特征的描述。本规范不对视频资源的管理信息、技术信息等做专门的模块规定。若有需求，可应用国家数字图书馆标准规范建设项目中的管理元数据或保存元数据项目所规定的元素。此外，本规范不涉及与特定系统相关的视频资源元数据集的分析、设计以及实现技术。

本规范适用于描述数字化的网络视频资源，也可用于描述用物理载体存储的实体视频资源，如 DVD、VCD、录像带等。

2 规范性引用文件

下列文件对于本文件的应用是必不可少的。凡是注日期的引用文件，仅注日期的版本适用于本文件。凡是不注日期的引用文件，其最新版本（包括所有的修改版）适用于本文件。

GB/T 25100—2010 信息与文献　都柏林核心元数据元素集

GB/T 3792.4—2009 文献著录：第 4 部分　非书资料

GY/T 202.1—2004 广播电视音像资料编目规范：第 1 部分　电视资料

GY/T 202.2—2007 广播电视音像资料编目规范：第 2 部分　广播资料

DCMI Metadata Terms. [DCMI-TERMS]
DCMI 元数据术语集 [DCMI-TERMS]
http://dublincore.org/documents/dcmi-terms/

DCMI Namespace Policy. [DCMI-NAMESPACE]
DCMI 命名域政策 [DCMI-NAMESPACE]
http://dublincore.org/documents/dcmi-namespace/

Metadata Object Description Schema. [MODS]
元数据对象描述模式 [MODS]
http://www.loc.gov/standards/mods/

3 术语和定义

下列术语和定义适用于本文件。

3.1 视频资源 video

用于存储活动或静止图像的媒体,所记录的视频需用特定的回放设备(如:录像带播放机或 DVD 播放机等)播放。视频资源既包括用数字信号存储的视频资源,也包括用模拟信号存储的视频资源。

3.2 DCMI——都柏林核心元数据计划 DCMI—Dublin Core Metadata Initiative

都柏林核心元数据元素集的维护机构。

3.3 元数据 metadata

关于信息资源或数据的一种结构化的数据。

3.4　元素 element

元数据集合中用于定义和描述数据的基本单元,由一组属性描述、定义、标识,并允许值限定。

3.5　修饰词 qualifier

当元素无法满足对资源对象的精确描述需要时进一步扩展出的术语。修饰词包括两种类型:元素修饰词和编码体系修饰词。

3.6　元素修饰词 element refinement

对元素的语义进行修饰,提高元素的专指性和精确性。

3.7　编码体系修饰词 encoding scheme

用来帮助解析某个术语值的上下文信息或解析规则。编码修饰词的形式包括受控词表、规范表或者解析规则。

3.8　核心元素 core element

使用频率高的、共性的、可用于不同类型的信息资源描述的元数据元素。

3.9　资源类型核心元素 resource core element

在制订不同类型和不同资源的元数据规范时,根据资源对象的特点设计出的、相似资源共同所需的元素及修饰词。

3.10　个别元素 unique element

为某一特定的资源对象设计的、仅适用于这类对象的元素,不用于交换。

3.11　复用 reuse

在元数据应用过程中，对于其他元数据标准中已经有明确定义并适用于本应用领域的元素的直接使用，并在使用时明确标明其地址。

3.12　命名域 namespace

元数据标准正式引用的地址名称，即元数据术语的唯一正式标识符。

3.13　著录规则 description rule

根据一定的目的和使用对象，依据元数据规范（有时是应用纲要）中给出的术语，对资源的形式特征和内容特征进行描述与揭示时具体的操作规则。

3.14　规范文档 authority file

说明著录元素内容时依据的各种规范。

4　视频资源著录对象分析

4.1　著录对象

本规范所指的视频资源包括数字化的网络视频资源及用物理载体存储的实体视频资源。

4.2　著录单位

视频资源通常是以一个具有独立标识（例如：一个唯一名称、ISRC、URI 等）的视频资源为著录单位。可以是成系列的视频资源、单个视频资源，也可以是从单个视频资源中析出的视频信息。

4.3 著录对象之间的关系及处理

视频资源的不同对象之间存在包含关系、并列关系、派生关系以及参考关系。

（1）包含关系。系列视频资源与其所含的具有独立标识的单个视频资源之间，或者单个视频资源与其析出的视频信息之间存在包含关系。在存在包含关系的视频资源之间，宜采用多层次著录的方式，并用“包含”或“包含于”关联方式揭示各个层级视频资源之间的关系。

（2）并列关系。在同一系列视频资源或视频资源集合中各单个视频资源之间，或者从同一视频资源中析出的各视频信息之间存在并列关系。存在并列关系的视频资源宜分别著录。

（3）派生关系。视频资源原件与复制件或数字化视频资源之间存在派生关系。就实体视频资源而言，宜以载体表现（作品内容的物理体现）为一个著录单位，即同一出版者或制作者、同一版本的所有单件为一个著录单位；对数字化的网络视频资源而言，宜以内容表达（作品的知识或艺术的表现）为一个著录单位，即同一数字化出版者或数字化制作者的、同一内容的所有单件（可以是不同格式）为一个著录单位。也可以根据实际应用需求，对视频资源与其有派生关系的形式各自单独进行著录。

（4）参考关系。一个视频资源与另一个视频资源之间存在的参考或被参考的关系。宜以存在参考关系的视频资源为著录单位分别编制记录，并用“参照”或“被参照”的关联方式揭示参考关系。

5 元数据规范的内容结构

遵循《国家图书馆元数据应用规范》和《国家图书馆专门元数据

设计规范》,视频资源元数据元素集由核心元素、资源类型核心元素、个别元素组成,共 19 个元素(见表 1－1)。如有特别需要,可遵循《国家图书馆专门元数据设计规范》中的扩展规则进行本地扩展。

表 1－1　视频资源元数据元素及修饰词列表

元素	元素修饰词	编码体系修饰词	复用标准
核心元素(15 个)			
题名			dc:title
	并列题名		
	交替题名		
	其他题名信息		
	系列题名		
	分集总数		
	分集次		
创建者			dc:creator
	责任方式		
主题			dc:subject
		汉语主题词表	
		中国分类主题词表	
		中国图书馆分类法	
		美国国会图书馆主题词表	
		美国国会图书馆分类表	
描述			dc:description
	摘要		dcterms:abstract
	目次		dcterms:tableOfContents
	获奖		
出版者			dc:publisher
	出版地		

续表

元素	元素修饰词	编码体系修饰词	复用标准
其他责任者			dc:contributor
	责任方式		
日期			dc:date
	创建日期		dcterms:created
	发布日期		dcterms:issued
	出版日期		
		W3C-DTF	
类型			dc:type
		DCMI 类型词表	
格式			dc:format
	数量		
	尺寸		
	实长		
	入点		
	出点		
	制式		
	画面宽高比		
	声音特征		
	色彩		
	分辨率		
	声道格式		
	音频编码格式		
	音频数据码率		
	音频采样频率		
	音频位深度		
	视频编码格式		
	视频取样格式		
	视频数据码率		
	媒体		dcterms:medium
		IMT	

续表

元素	元素修饰词	编码体系修饰词	复用标准
标识符			dc:identifier
		URI	
		DOI	
		ISRC	
		ISBN	
来源			dc:source
		URI	
		DOI	
		ISRC	
		ISBN	
语种			dc:language
	声道编号		
	声道语种		
	字幕编号		
	字幕语种		
		RFC 4646	
		ISO 639—2	
关联			dc:relation
	原版本		dcterms:isVersionOf
	其他版本		dcterms:hasVersion
	包含		dcterms:hasPart
	包含于		dcterms:isPartOf
	原格式		dcterms:isFormatOf
	其他格式		dcterms:hasFormat
	参考		dcterms:references
	被参考		dcterms:isReferencedBy
		URI	
		DOI	
		ISRC	
		ISBN	

续表

元素	元素修饰词	编码体系修饰词	复用标准
时空范围			dc:coverage
	空间范围		dcterms:spatial
	时间范围		dcterms:temporal
		DCMI Point	
		ISO 3166	
		TGN	
		DCMI Period	
		W3C-DTF	
权限			dc:rights
	版权拥有者		dcterms:rightsHolder
	使用权限		dcterms:accessRights
资源类型核心元素(3个)			
版本			mods:edition
受众			dcterms:audience
馆藏信息			mods:location
	馆藏地		
	馆藏单位		
	索取号		
个别元素(1个)			
源载体			

6 元素及修饰词的定义属性

在本规范中,元素名称为小写英文(命名域中多词连写时,第二个以后的单词首字母大写)，当名称为两个或两个以上英文单词时，词间应空格，并保证与其他语种的元数据标准(如 DC)应用保持语义一致性；标签为中文，以便于人们阅读。

根据 DCMI 命名域政策[DCMI-NAMESPACE]，元素名(name)应附在 DCMI 命名域的 URI 之后，构成统一资源标识符，作为该元素的全球性唯一标识符。根据 DCMI 命名域政策和编码指南的解释及本规范的应用，所有元素均给了国家图书馆统一资源标识符(URI)。

一般而言，每个元素均为可选，且可重复。但根据《国家图书馆元数据核心元素集》的有关规定，title 是必备的，identifier 如果有也是必备的。

本规范中的标签只是元素名的一个语义属性，在具体的应用领域，为突出资源的个性和元数据的专指性，更好地体现该元素在具体应用中的语义，允许赋予其适合的标签，但语义上与原始定义不冲突。

本规范定义的所有元素及元素修饰词与排列顺序无关，图书馆可根据自身的实际需要决定元素和元素修饰词的排列次序。

为了便于理解和应用，每一元素或元素修饰词均附有示例，举例说明元素或修饰词的具体用法。

本规范依据《国家图书馆专门元数据设计规范》，通过表 1 - 2 中的 15 个属性对术语进行定义：

表 1 - 2　视频资源元数据规范术语定义属性表

序号	属性名	属性定义	约束
1.	标识符(Identifier)	术语的唯一标识符，以 URI 的形式给出	必备
2.	名称(Name)	赋予术语的唯一标记	必备
3.	出处(Defined By)	一般给出定义术语(特别是给出术语“名称”与“统一资源标识符”)的来源名称及来源的 URI。如无来源名称与 URI，也可以是定义术语或维护术语的机构名称。或者也可以是书目引文，指向定义该术语的文献	必备

续表

序号	属性名	属性定义	约束
4.	标签(Label)	描述术语的可读标签,一般为中文,可随资源不同选择不同的描述术语	必备
5.	定义(Definition)	对术语概念与内涵的说明	必备
6.	注释(Comments)	关于术语或其应用的其他说明,如特殊的用法等	可选
7.	术语类型(Type of Term)	术语的类型。其值为:元素、元素修饰词和编码体系修饰词	必备
8.	限定(Refines)	在定义元素修饰词时,在此明确指出该术语修饰的元素。一般给出所修饰元素的名称,但允许按中文习惯引用其标签,推荐同时给出 URI	有则必备
9.	元素修饰词(Refined By)	在定义元素时,在此项中给出限定此元素的元素修饰词。一般给出元素修饰词的名称,但允许按中文习惯引用其标签,推荐同时给出 URI	有则必备
10.	编码体系应用于(Encoding Scheme For)	在定义编码体系修饰词时,在此给出该术语修饰的元素。一般给出所修饰元素的名称,但允许按中文习惯引用其标签,推荐同时给出 URI	有则必备
11.	编码体系修饰词(Encoding Scheme)	在定义元素时,如果元素有编码体系修饰词,在此给出编码体系修饰词,一般给出术语的名称,推荐同时给出 URI	有则必备
12.	数据类型(Data type)	术语允许取值的数据类型	可选
13.	版本(Version)	产生该术语的元数据规范版本	可选
14.	语言(Language)	用来说明术语的语言	可选

续表

序号	属性名	属性定义	约束
15.	频次范围（Occurrence）	术语使用的频次范围。采用区间的表示方法:[min, max],同时包括了对必备性和最大使用频次的定义。min =0 表示可选;min =1 表示必备;max =10 表示最大使用频率为 10 次;max =∞ 表示最大使用频次没有限制	可选

在上述 15 个属性中,有 4 个属性的取值都是相同的,这 4 个属性与其相应的值分别是:

(1)版本:1.0;

(2)语言:中文;

(3)数据类型:字符串;

(4)频次范围:一般不限,为[0, ∞),以上有特殊说明的除外。

以上属性与属性值在正式定义中对于每个视频资源元数据规范中的元素及修饰词而言都是相同的,所以在以下定义中不再重复,但它们仍是正式定义中的组成部分。除了以上 4 个固定取值的属性外,其他属性的内容如果为空,则该属性不再出现。

7 核心元素及修饰词

7.1 题名

标识符:http://www.nlc.gov.cn/core/elements/title①

---

① 元素标识符目前按照国家图书馆“国家数字图书馆工程标准规范建设”项目的规定,以 URI 形式给出。目前由于国内的元数据登记系统尚没有建立,因此还无法在网上实际查到这些标识符。标识符根据《国家图书馆元数据应用规范》中所规定的国家图书馆各元数据规范中术语的命名域规则而定,最终将以国家图书馆公布的为准。下同。

名称:title

出处:Dublin Core Terms:http://purl. org/dc/terms/

标签:题名

定义:赋予资源的名称。

注释:视频资源的名称,一般指视频资源正式公开的名称,也包括编目员自拟的名称。

术语类型:元素

元素修饰词:并列题名;交替题名;其他题名信息;系列题名;分集总数;分集次

示例:

题名:南征北战

7.1.1 并列题名

标识符:http://www. nlc. gov. cn/core/terms/parallelTitle

名称:parallel title

出处:全国信息与文献标准化技术委员会. 文献著录:第4部分 非书资料. 北京:中国标准出版社,2009.

标签:并列题名

定义:用另一种语言文字表示的题名。

术语类型:元素修饰词

限定:题名

示例:

并列题名:Duan Yan pipa solo concert

7.1.2 交替题名

标识符:http://www. nlc. gov. cn/core/terms/alternative

名称:alternative

出处:全国信息与文献标准化技术委员会. 文献著录:第4部分 非书资料. 北京:中国标准出版社,2009.

标签:交替题名

定义:资源正式名称的别名。

注释:可替代视频资源正式名称使用的别名,但不包括并列题名。

术语类型:元素修饰词

限定:题名

示例:

(题名:乌江渡)

交替题名:余文榜私访

7.1.3　其他题名信息

标识符:http://www.nlc.gov.cn/core/terms/otherTitleInformation

名称:other title information

出处:全国信息与文献标准化技术委员会. 文献著录:第4部分　非书资料. 北京:中国标准出版社,2009.

标签:其他题名信息

定义:用来限定、补充、解释、说明正式题名的文字。

术语类型:元素修饰词

限定:题名

示例:

(题名:乌江渡)

其他题名信息:泸剧传统连续剧

7.1.4　系列题名

标识符:http://www.nlc.gov.cn/core/terms/seriesTitle

名称:series title

出处:全国广播电视标准化技术委员会. 广播电视音像资料编目规范:第1部分　电视资料. 北京:国家广播电影电视总局标准化规划研究所,2004.

标签:系列题名

定义:资源所属系列的名称。

术语类型:元素修饰词

限定:题名

示例:

（题名:永不消失的电波）

系列题名:中国电影百年经典

7.1.5　分集总数

标识符:http://www.nlc.gov.cn/core/terms/totalNumberOfEpisodes

名称:total number of episodes

出处:全国广播电视标准化技术委员会. 广播电视音像资料编目规范:第1部分　电视资料. 北京:国家广播电影电视总局标准化规划研究所,2004.

标签:分集总数

定义:资源所属系列的集数总和。

术语类型:元素修饰词

限定:题名

示例:

分集总数:20

7.1.6　分集次

标识符:http://www.nlc.gov.cn/core/terms/numberOfAnEpisode

名称:number of an episode

出处:全国广播电视标准化技术委员会. 广播电视音像资料编目规范:第1部分　电视资料. 北京:国家广播电影电视总局标准化规划研究所,2004.

标签:分集次

定义:资源所属系列的分集序号。

术语类型:元素修饰词

限定:题名

示例:

分集次:1

7.2 创建者

标识符:http://www.nlc.gov.cn/core/elements/creator

名称:creator

出处:Dublin Core Terms:http://purl.org/dc/terms/

标签:创建者

定义:创建资源的主要责任者。

注释:创建者的实体包括个人、组织或某项服务。通常用创建者的名称来标识这一条目。建议为创建者名称建立规范档。

术语类型:元素

元素修饰词:责任方式

示例:

创建者:汤一介

责任方式

标识符:http://www.nlc.gov.cn/core/terms/role

名称:role

出处:http://www.nlc.gov.cn/core/terms

标签:责任方式

定义:对资源的知识内容或艺术内容进行创造、整理的方式。

术语类型:元素修饰词

限定:创建者

示例:

责任方式:主演

7.3 主题

标识符:http://www.nlc.gov.cn/core/elements/subject

名称:subject

出处:Dublin Core Terms:http://purl.org/dc/terms/

标签:主题

定义:资源内容的主题描述。

注释:用受控词汇或非受控词汇标引视频资源的主题。一般采用关键词、规范化的主题词或分类号来描述。描述视频资源时间或空间主题宜采用“时空范围”元素。

术语类型:元素

编码体系修饰词:CT;CCT;CLC;LCSH;LCC

示例:

主题:喜剧片

编码体系修饰词:CT

7.3.1 汉语主题词表

标识符:http://www.nlc.gov.cn/core/terms/CT

名称:CT

出处:中国科学技术情报研究所,北京图书馆. 汉语主题词表. 北京:科学技术文献出版社,1980.

标签:汉语主题词表

定义:汉语主题词表。

术语类型:编码体系修饰词

编码体系应用于:主题

示例:

主题:通货膨胀

编码体系修饰词:CT

7.3.2 中国分类主题词表

标识符:http://www.nlc.gov.cn/core/terms/CCT

名称:CCT

出处:中国图书馆分类法编辑委员会. 中国分类主题词表. 第2版. 北京:北京图书馆出版社,2005.

标签:中国分类主题词表

定义:中国分类主题词表。

术语类型:编码体系修饰词

编码体系应用于:主题

示例:

主题:地方戏

编码体系修饰词:CCT

7.3.3 中国图书馆分类法

标识符:http://www.nlc.gov.cn/core/terms/CLC

名称:CLC

出处:国家图书馆. 中国图书馆分类法. 第5版. 北京:国家图书馆出版社,2010.

标签:中国图书馆分类法

定义:中国图书馆分类法。

术语类型:编码体系修饰词

编码体系应用于:主题

示例:

主题:I236.67

编码体系修饰词:CLC

7.3.4 美国国会图书馆主题词表

标识符:http://www.nlc.gov.cn/core/terms/LCSH

名称:LCSH

出处:http://classificationweb.net/

标签:美国国会图书馆主题词表

定义:美国国会图书馆主题词表。

术语类型:编码体系修饰词

编码体系应用于:主题

示例：

主题：Motion picture – United States – History

编码体系修饰词：LCSH

7.3.5　美国国会图书馆分类表

标识符：http://www.nlc.gov.cn/core/terms/LCC

名称：LCC

出处：http://classificationweb.net/

标签：美国国会图书馆分类表

定义：美国国会图书馆分类表。

术语类型：编码体系修饰词

编码体系应用于：主题

示例：

主题：DVA5401

编码体系修饰词：LCC

7.4　描述

标识符：http://www.nlc.gov.cn/core/elements/description

名称：description

出处：Dublin Core Terms：http://purl.org/dc/terms/

标签：描述

定义：资源内容的说明。

术语类型：元素

元素修饰词：摘要；目次；获奖

示例：

描述：洪昭光教授健康生活方式大型讲座

7.4.1　摘要

标识符：http://www.nlc.gov.cn/core/terms/abstract

名称：abstract

出处:Dublin Core Terms:http://purl.org/dc/terms/

标签:摘要

定义:资源内容的概要。

术语类型:元素修饰词

限定:描述

示例:

摘要:本片以亲切深情、恢宏动人的风格,讲述了在黄石公园这片神奇壮丽的土地上,野生动物如何奋斗生存,度过了三个变幻莫测的季节。

7.4.2 目次

标识符:http://www.nlc.gov.cn/core/terms/tableOfContents

名称:table of contents

出处:Dublin Core Terms:http://purl.org/dc/terms/

标签:目次

定义:资源的子单元列表。

术语类型:元素修饰词

限定:描述

示例:

目次:1. 菊花酥;2. 蛋面炸菊花;3. 黄米油糕;4. 山药菜糕

7.4.3 获奖

标识符:http://www.nlc.gov.cn/core/terms/awards

名称:awards

出处:全国广播电视标准化技术委员会. 广播电视音像资料编目规范:第1部分 电视资料. 北京:国家广播电影电视总局标准化规划研究所,2004.

标签:获奖

定义:资源的获奖情况。

注释:包括作品获奖、获奖作品中个人获奖以及团体获奖。一般描述视频资源所获奖项的名称、所获奖项的项目名称、获奖者、获奖年度或届次、颁奖日期。

术语类型:元素修饰词

限定:描述

示例:

获奖:2008 年,《贫民窟的百万富翁》获第 33 届多伦多国际电影节“人民选择奖”。2009 年,《贫民窟的百万富翁》获第 81 届奥斯卡最佳影片奖。2009 年,《贫民窟的百万富翁》获第 81 届奥斯卡最佳改编剧本奖。2009 年,《贫民窟的百万富翁》获第 81 届奥斯卡最佳电影剪辑奖。2009 年,《Jai Ho》获第 81 届奥斯卡最佳原创歌曲奖。2009 年,《贫民窟的百万富翁》获第 81 届奥斯卡最佳原创音乐奖。2009 年,《贫民窟的百万富翁》获第 81 届奥斯卡最佳音效合成奖。2009 年,《贫民窟的百万富翁》获第 81 届奥斯卡最佳摄影奖。2009 年,丹尼・保尔(Danny Boyle)获第 81 届奥斯卡最佳导演奖。

7.5 出版者

标识符:http://www.nlc.gov.cn/core/elements/publisher

名称:publisher

出处:Dublin Core Terms:http://purl.org/dc/terms/

标签:出版者

定义:使资源可以获得和利用的责任实体。

注释:出版者包括个人、组织或某项服务。通常用出版者的名称来标识这一元素。

术语类型:元素

元素修饰词:出版地

示例:

出版者:北京文化艺术音像出版社

出版地

标识符:http://www.nlc.gov.cn/core/terms/place

名称:place

出处:http://www.nlc.gov.cn/core/terms

标签:出版地

定义:资源出版者的所在地。

注释:一般指视频资源出版者或颁布者所在的城市。如不能确定城市,也可用其所在的国家。

术语类型:元素修饰词

限定:出版者

示例:

出版地:北京

7.6 其他责任者

标识符:http://www.nlc.gov.cn/core/elements/contributor

名称:contributor

出处:Dublin Core Terms:http://purl.org/dc/terms/

标签:其他责任者

定义:对资源作出贡献的其他责任实体。

注释:其他责任者的实体包括个人、组织或某项服务。通常用其他责任者的名称来标识这一条目。建议为其他责任者名称建立规范档。

术语类型:元素

元素修饰词:责任方式

示例：

其他责任者：胡正义

责任方式

标识符：http://www.nlc.gov.cn/core/terms/role

名称：role

出处：http://www.nlc.gov.cn/core/terms

标签：责任方式

定义：对资源的知识内容或艺术内容进行创造、整理的方式。

术语类型：元素修饰词

限定：其他责任者

示例：

责任方式：监制

7.7 日期

标识符：http://www.nlc.gov.cn/core/elements/date

名称：date

出处：Dublin Core Terms：http://purl.org/dc/terms/

标签：日期

定义：与资源生命周期中的一个事件相关的时刻或一段时间。

注释：一般而言，日期应与资源的创建或可获得的日期相关。建议采用的日期格式应符合 ISO 8601 [W3CDTF]规范，并使用 YYYY－MM－DD 的格式著录。

术语类型：元素

元素修饰词：创建日期；发布日期；出版日期

编码体系修饰词：W3CDTF

示例：

日期：2010－12－15

编码体系修饰词:W3CDTF

7.7.1 创建日期

标识符:http://www.nlc.gov.cn/core/terms/created

名称:created

出处:Dublin Core Terms:http://purl.org/dc/terms/

标签:创建日期

定义:资源创建的日期。

注释:一般指视频资源的制作、拍摄完成日期。

术语类型:元素修饰词

限定:日期

编码体系修饰词:W3CDTF

示例:

创建日期:2011-08-20

编码体系修饰词:W3CDTF

7.7.2 发布日期

标识符:http://www.nlc.gov.cn/core/terms/issued

名称:issued

出处:Dublin Core Terms:http://purl.org/dc/terms/

标签:发布日期

定义:资源正式发布的日期。

注释:供数字化的网络视频资源使用。

术语类型:元素修饰词

限定:日期

编码体系修饰词:W3CDTF

示例:

发布日期:2011-10-16

编码体系修饰词:W3CDTF

7.7.3　出版日期

标识符:http://www.nlc.gov.cn/core/terms/published

名称:published

出处:全国信息与文献标准化技术委员会. 文献著录: 第 4 部分 非书资料. 北京: 中国标准出版社, 2009.

标签:出版日期

定义:资源正式出版的日期。

术语类型:元素修饰词

限定:日期

编码体系修饰词:W3CDTF

示例:

出版日期:2009

编码体系修饰词:W3CDTF

7.7.4　W3CDTF

标识符:http://www.nlc.gov.cn/core/terms/W3CDTF

名称:W3CDTF

出处:http://www.w3.org/TR/NOTE-datetime/

标签:W3C-DTF

定义:由万维网联盟(W3C)制定的日期和时间的编码规则——基于 ISO 8601 的一部分。

术语类型:编码体系修饰词

编码体系应用于:日期;创建日期;发布日期;出版日期

7.8　类型

标识符:http://www.nlc.gov.cn/core/elements/type

名称:type

出处:Dublin Core Terms:http://purl.org/dc/terms/

标签:类型

定义:资源的特征或类型。

注释:类型包括描述资源内容的一般范畴、功能、种属或聚类层次的术语。若要描述资源的文件格式、物理媒体或尺寸规格,宜采用"format"元素。本规范中,建议将类型缺省取值为"视频资源"。也可根据具体应用采用其他编码体系修饰词,例如:DCMI 类型词表。

术语类型:元素

编码体系修饰词:DCMIType

示例:

类型:视频资源

DCMI 类型词表

标识符:http://www.nlc.gov.cn/core/terms/DCMIType

名称:DCMIType

出处:Dublin Core Terms:http://purl.org/dc/terms/

标签:DCMI 类型词表

定义:用来对资源内容的性质或种类进行分类的类型词汇列表。

术语类型:编码体系修饰词

编码体系应用于:类型

示例:

类型:Moving Image

编码体系修饰词:DCMIType

7.9 格式

标识符:http://www.nlc.gov.cn/core/elements/format

名称:format

出处:Dublin Core Terms:http://purl.org/dc/terms/

标签:格式

定义:资源的文件格式、物理媒体或尺寸规格。

注释:一般而言,格式可能包括资源的媒体类型或资源的大小,格式元素可以用来决定展示或操作资源所需的软硬件或其他相应设备,其中资源的大小又包括资源所占的存储空间或资源的持续时间(如播放时间)。建议采用来自于受控词表中的值,比如 Internet 媒体类型[MIME]定义的计算机媒体格式。

术语类型:元素

元素修饰词:数量;尺寸;实长;入点;出点;制式;画面宽高比;声音特征;色彩;分辨率;声道格式;音频编码格式;音频数据码率;音频采样频率;音频位深度;视频编码格式;视频取样格式;视频数据码率;媒体

编码体系修饰词:IMT

示例:

格式:video/mp4

编码体系修饰词:IMT

7.9.1 数量

标识符:http://www.nlc.gov.cn/core/terms/extent

名称:extent

出处:全国信息与文献标准化技术委员会. 文献著录:第4部分 非书资料. 北京:中国标准出版社,2009.

标签:数量

定义:资源的数量。

术语类型:元素修饰词

限定:格式

示例:

数量:10 DVD

7.9.2　尺寸

标识符:http://www.nlc.gov.cn/core/terms/dimension

名称:dimension

出处:全国信息与文献标准化技术委员会. 文献著录:第4部分　非书资料. 北京:中国标准出版社,2009.

标签:尺寸

定义:实体资源的尺寸。

术语类型:元素修饰词

限定:格式

示例:

尺寸:12 cm

7.9.3　实长

标识符:http://www.nlc.gov.cn/core/terms/duration

名称:duration

出处:全国广播电视标准化技术委员会. 广播电视音像资料编目规范:第1部分　电视资料. 北京:国家广播电影电视总局标准化规划研究所,2004.

标签:实长

定义:视音频资源正式有效内容的实际时间长度。

注释:建议采用 hh:mm:ss 的格式著录。

术语类型:元素修饰词

限定:格式

示例:

实长:04:50:00

7.9.4　入点

标识符:http://www.nlc.gov.cn/core/terms/startingPoint

名称:starting point

出处:全国广播电视标准化技术委员会. 广播电视音像资料编目

规范:第 1 部分　电视资料. 北京:国家广播电影电视总局标准化规划研究所,2004.

标签:入点

定义:视音频资源正式有效内容的起始点时间。

注释:建议采用 hh:mm:ss 的格式著录。

术语类型:元素修饰词

限定:格式

示例:

入点:00:00:00

7.9.5　出点

标识符:http://www.nlc.gov.cn/core/terms/endingPoint

名称:ending point

出处:http://www.nlc.gov.cn/core/terms

标签:出点

定义:视音频资源正式有效内容的结束点时间。

注释:建议采用 hh:mm:ss 的格式著录。

术语类型:元素修饰词

限定:格式

示例:

出点:00:05:10

7.9.6　制式

标识符:http://www.nlc.gov.cn/core/terms/system

名称:system

出处:全国广播电视标准化技术委员会. 广播电视音像资料编目规范:第 1 部分　电视资料. 北京:国家广播电影电视总局标准化规划研究所,2004.

标签:制式

定义:发送端和接受端共同采用的特定的信号处理方式,主要包括图像信号的形式、传送和图像重现的方法。

术语类型:元素修饰词

限定:格式

示例:

制式:PAL

7.9.7 画面宽高比

标识符:http://www.nlc.gov.cn/core/terms/aspectRatio

名称:aspect ratio

出处:全国广播电视标准化技术委员会. 广播电视音像资料编目规范:第1部分 电视资料. 北京:国家广播电影电视总局标准化规划研究所,2004.

标签:画面宽高比

定义:视频资源显示画面的宽度与高度之比。

术语类型:元素修饰词

限定:格式

示例:

画面宽高比:4:3

7.9.8 声音特征

标识符:http://www.nlc.gov.cn/core/terms/soundCharacteristics

名称:sound characteristics

出处:全国信息与文献标准化技术委员会. 文献著录:第4部分 非书资料. 北京:中国标准出版社,2009.

标签:声音特征

定义:视频资源的声音特征。

术语类型:元素修饰词

限定:格式

示例:

声音特征:有声

7.9.9　色彩

标识符:http://www.nlc.gov.cn/core/terms/color

名称:color

出处:全国广播电视标准化技术委员会. 广播电视音像资料编目规范:第1部分　电视资料. 北京:国家广播电影电视总局标准化规划研究所,2004.

标签:色彩

定义:描述视频资源主要内容显现的色彩种类。

术语类型:元素修饰词

限定:格式

示例:

色彩:彩色

7.9.10　分辨率

标识符:http://www.nlc.gov.cn/core/terms/resolution

名称:resolution

出处:http://www.nlc.gov.cn/core/terms/

标签:分辨率

定义:反映显示器件、光学器件等的精细程度和分辨能力。

术语类型:元素修饰词

限定:格式

示例:

分辨率:320×240

7.9.11　声道格式

标识符:http://www.nlc.gov.cn/core/terms/audioChannelFormat

名称:audio channel format

出处:全国广播电视标准化技术委员会. 广播电视音像资料编目规范:第1部分　电视资料. 北京:国家广播电影电视总局标准化规划研究所,2004.

标签:声道格式

定义:描述视音频资源声音通道之间的关系。

术语类型:元素修饰词

限定:格式

示例:

声道格式:立体声

7.9.12 音频编码格式

标识符:http://www.nlc.gov.cn/core/terms/audioCodingFormat

名称:audio coding format

出处:全国广播电视标准化技术委员会. 广播电视音像资料编目规范:第1部分 电视资料. 北京:国家广播电影电视总局标准化规划研究所,2004.

标签:音频编码格式

定义:数字音频采样序列的编码格式。

注释:仅供数字视频资源使用,元素修饰词的取值建议采用PCM、MPEG1 Layer1、MPEG1 Layer2、MPEG1 Layer3、MPEG2 Layer1、MPEG2 Layer2、MPEG2 Layer3、OGG、MPC。

术语类型:元素修饰词

限定:格式

示例:

音频编码格式:MPEG1 Layer3

7.9.13 音频数据码率

标识符:http://www.nlc.gov.cn/core/terms/audioDataRate

名称:audio data rate

出处:全国广播电视标准化技术委员会. 广播电视音像资料编目规范:第1部分 电视资料. 北京:国家广播电影电视总局标准化规划研究所,2004.

标签:音频数据码率

定义:音频数据码流的每秒传输比特值。

注释:供数字视频资源使用。

术语类型:元素修饰词

限定:格式

示例:

音频数据码率:128 Kbps

7.9.14 音频采样频率

标识符:http://www.nlc.gov.cn/core/terms/audioSamplingFrequency

名称:audio sampling frequency

出处:全国广播电视标准化技术委员会. 广播电视音像资料编目规范:第1部分 电视资料. 北京:国家广播电影电视总局标准化规划研究所,2004.

标签:音频采样频率

定义:视音频资源数字化时的音频采样频率(或称取样率)。

注释:供数字视频资源使用。

术语类型:元素修饰词

限定:格式

示例:

音频采样频率:44.1KHz

7.9.15 音频位深度

标识符:http://www.nlc.gov.cn/core/terms/audioBitDepth

名称:audio bit depth

出处:全国广播电视标准化技术委员会. 广播电视音像资料编目规范:第1部分 电视资料. 北京:国家广播电影电视总局标准化规划研究所,2004.

标签:音频位深度

定义:视音频资源数字化时,样本音频信息使用的比特数,也称为声音样本量的量化深度。

注释:供数字视频资源使用。

术语类型:元素修饰词

限定:格式

示例:

音频位深度:16bit

7.9.16 视频编码格式

标识符:http://www.nlc.gov.cn/core/terms/videoCodingFormat

名称:video coding format

出处:全国广播电视标准化技术委员会. 广播电视音像资料编目规范:第1部分 电视资料. 北京:国家广播电影电视总局标准化规划研究所,2004.

标签:视频编码格式

定义:视频数字化的编码方式。

注释:供数字视频资源使用。

术语类型:元素修饰词

限定:格式

示例:

视频编码格式:RV40

7.9.17 视频取样格式

标识符:http://www.nlc.gov.cn/core/terms/videoSamplingType

名称:video sampling type

出处:全国广播电视标准化技术委员会. 广播电视音像资料编目规范:第1部分 电视资料. 北京:国家广播电影电视总局标准化规划研究所,2004.

标签:视频取样格式

定义:视频信息编码时,编码信息从原始图像信息中取样的方式。

注释:供数字视频资源使用。

术语类型:元素修饰词

限定:格式

示例:

视频取样格式:4:1:1

7.9.18 视频数据码率

标识符:http://www.nlc.gov.cn/core/terms/videoBitRate

名称:video bit rate

出处:全国广播电视标准化技术委员会. 广播电视音像资料编目规范:第1部分 电视资料. 北京:国家广播电影电视总局标准化规划研究所,2004.

标签:视频数据码率

定义:视频数据码流的每秒传输比特值。

注释:供数字视频资源使用。

术语类型:元素修饰词

限定:格式

示例:

视频数据码率:12 Mb/s

7.9.19 媒体

标识符:http://www.nlc.gov.cn/core/terms/medium

名称:medium

出处:Dublin Core Terms:http://purl.org/dc/terms/

标签:媒体

定义:资源的物理载体或组成材料。

注释:通常被用于明确实体视频资源的物理载体和数字化的网络视频资源的数字化格式。

术语类型:元素修饰词

限定:格式

编码体系修饰词:IMT

示例：

媒体：video/mp4

编码体系修饰词：IMT

7.9.20 IMT

标识符：http://www.nlc.gov.cn/core/terms/IMT

名称：IMT

出处：Dublin Core Terms：http://purl.org/dc/terms/

标签：IMT

定义：资源的因特网媒体类型。

术语类型：编码体系修饰词

编码体系应用于：格式；媒体

7.10 标识符

标识符：http://www.nlc.gov.cn/core/elements/identifier

名称：identifier

出处：Dublin Core Terms：http://purl.org/dc/terms/

标签：标识符

定义：在特定上下文环境中，给予资源的一个明确的标识。

注释：建议采用符合正式标识体系的字符串进行标识。正式的标识体系包括但不限于 URI、DOI、ISRC、ISBN 等。

术语类型：元素

编码体系修饰词：URI；DOI；ISRC；ISBN

示例：

标识符：http://space.tv.cctv.com/video/VIDE1260015602137884

编码体系修饰词：URI

7.10.1 URI

标识符：http://www.nlc.gov.cn/core/terms/URI

名称：URI

出处:http://www.ietf.org/rfc/rfc3986.txt

标签:URI

定义:统一资源标识符(Uniform Resource Identifiers,简称 URI)。

术语类型:编码体系修饰词

编码体系应用于:标识符

示例:

标识符:http://space.tv.cctv.com/video/VIDE1260015602137884

编码体系修饰词:URI

7.10.2 DOI

标识符:http://www.nlc.gov.cn/core/terms/DOI

名称:DOI

出处:http://www.doi.org/

标签:DOI

定义:数字对象标识符(Digital Object Identifier,简称 DOI)。

术语类型:编码体系修饰词

编码体系应用于:标识符

示例:

标识符:10.3207/2959859860

编码体系修饰词:DOI

7.10.3 ISRC

标识符:http://www.nlc.gov.cn/core/terms/ISRC

名称:ISRC

出处:http://www.iso.org/iso/catalogue_detail? csnumber=23401

标签:ISRC

定义:国际标准音像制品编码(International Standard Recording Code,简称 ISRC)。

术语类型:编码体系修饰词

编码体系应用于:标识符

示例：

标识符:CN－E22－04－0306－0

编码体系修饰词:ISRC

7.10.4　ISBN

标识符:http://www.nlc.gov.cn/core/terms/ISBN

名称:ISBN

出处:http://www.isbn.org/standare/home/isbn/international/index.asp

标签:ISBN

定义:国际标准书号(International Standard Book Number,简称ISBN)。

术语类型:编码体系修饰词

编码体系应用于:标识符

示例：

标识符:7－88000－781－4

编码体系修饰词:ISBN

7.11　来源

标识符:http://www.nlc.gov.cn/core/elements/source

名称:source

出处:Dublin Core Terms:http://purl.org/dc/terms/

标签:来源

定义:与当前资源来源有关的资源。

注释:当前资源可能部分或全部源自来源元素所标识的资源。建议采用符合正式标识体系的字符串进行标识。

术语类型:元素

编码体系修饰词:URI;DOI;ISRC;ISBN

示例：

　　来源：CN－E22－04－0306－0

　　编码体系修饰词：ISRC

7.11.1　URI

标识符：http://www.nlc.gov.cn/core/terms/URI

名称：URI

出处：http://www.ietf.org/rfc/rfc3986.txt

标签：URI

定义：统一资源标识符（Uniform Resource Identifiers，简称URI）。

术语类型：编码体系修饰词

编码体系应用于：来源

7.11.2　DOI

标识符：http://www.nlc.gov.cn/core/terms/DOI

名称：DOI

出处：http://www.doi.org/

标签：DOI

定义：数字对象标识符（Digital Object Identifier，简称DOI）。

术语类型：编码体系修饰词

编码体系应用于：来源

7.11.3　ISRC

标识符：http://www.nlc.gov.cn/core/terms/ISRC

名称：ISRC

出处：http://www.iso.org/iso/catalogue_detail? csnumber=23401

标签：ISRC

定义：国际标准音像制品编码（International Standard Recording Code，简称ISRC）。

术语类型：编码体系修饰词

编码体系应用于：来源

7.11.4 ISBN

标识符:http://www.nlc.gov.cn/core/terms/ISBN

名称:ISBN

出处:http://www.isbn.org/standare/home/isbn/international/index.asp

标签:ISBN

定义:国际标准书号(International Standard Book Number,简称 ISBN)。

术语类型:编码体系修饰词

编码体系应用于:来源

7.12 语种

标识符:http://www.nlc.gov.cn/core/elements/language

名称:language

出处:Dublin Core Terms:http://purl.org/dc/terms/

标签:语种

定义:资源的语种。

注释:建议采用 RFC 4646、ISO 639—2,也可采用机构自拟的受控词表进行标识。

术语类型:元素

元素修饰词:声道编号;声道语种;字幕编号;字幕语种

编码体系修饰词:RFC 4646;ISO 639—2

示例:

语种:chi

编码体系修饰词:ISO 639—2

7.12.1 声道编号

标识符:http://www.nlc.gov.cn/core/terms/audioChannelNumber

名称:audio channel number

出处:全国广播电视标准化技术委员会. 广播电视音像资料编目

规范：第 1 部分 电视资料. 北京：国家广播电影电视总局标准化规划研究所，2004.

标签:声道编号

定义:视音频资源的声音通道的序次号。

术语类型:元素修饰词

限定:语种

示例:

声道编号:1

7.12.2 声道语种

标识符:http://www.nlc.gov.cn/core/terms/audioChannelLanguage

名称:audio channel language

出处:全国广播电视标准化技术委员会. 广播电视音像资料编目规范：第 1 部分 电视资料. 北京：国家广播电影电视总局标准化规划研究所，2004.

标签:声道语种

定义:视音频资源的声音通道的语种名称。

注释:建议采用 RFC 4646、ISO 639—2,也可采用机构自拟的受控词表进行标识。

术语类型:元素修饰词

限定:语种

编码体系修饰词:RFC 4646;ISO 639—2

示例:

声道语种:英语

7.12.3 字幕编号

标识符:http://www.nlc.gov.cn/core/terms/subtitleNumber

名称:subtitle number

出处:全国广播电视标准化技术委员会. 广播电视音像资料编目规范:第 1 部分 电视资料. 北京:国家广播电影电视总局

标准化规划研究所,2004.

标签:字幕编号

定义:视频资源中字幕的序次号。

术语类型:元素修饰词

限定:语种

示例:

字幕编号:1

7.12.4 字幕语种

标识符:http://www.nlc.gov.cn/core/terms/subtitleLanguage

名称:subtitle language

出处:全国广播电视标准化技术委员会. 广播电视音像资料编目规范:第1部分 电视资料. 北京:国家广播电影电视总局标准化规划研究所,2004.

标签:字幕语种

定义:视频资源字幕的语种名称。

注释:建议采用 RFC 4646、ISO 639—2,也可采用机构自拟的受控词表进行标识。

术语类型:元素修饰词

限定:语种

编码体系修饰词:RFC 4646;ISO 639—2

示例:

字幕语种:chi

编码体系修饰词:ISO 639—2

7.12.5 RFC 4646

标识符:http://www.nlc.gov.cn/core/terms/RFC4646

名称:RFC 4646

出处:http://www.ietf.org/rfc/rfc4646.txt

标签:RFC 4646

定义：根据 RFC 4646 确定的语种识别标签集合。

术语类型：编码体系修饰词

编码体系应用于：语种；声道语种；字幕语种

示例：

语种：en

编码体系修饰词：RFC 4646

7.12.6　ISO 639—2

标识符：http://www.nlc.gov.cn/core/terms/ISO639-2

名称：ISO 639—2

出处：http://lcweb.loc.gov/standards/iso639-2/langhome.html

标签：ISO 639—2

定义：国际标准化组织制定的三个字母的语种识别代码。

术语类型：编码体系修饰词

编码体系应用于：语种；声道语种；字幕语种

示例：

字幕语种：chi

编码体系修饰词：ISO 639—2

7.13　关联

标识符：http://www.nlc.gov.cn/core/elements/relation

名称：relation

出处：Dublin Core Terms：http://purl.org/dc/terms/

标签：关联

定义：相关资源。

注释：指明与本资源存在某种关系（包括原版本与其他版本、包含与包含于、原格式与其他格式）的其他资源。建议采用符合正式标识体系的字符串进行标识。

术语类型：元素

元素修饰词:原版本;其他版本;包含;包含于;原格式;其他格式;参照;被参照

编码体系修饰词:URI;DOI;ISRC;ISBN

示例:

(题名:大决战)

关联. 包含:辽沈战役/李俊总导演. 北京 : 中国三环音像社, 2002

关联. 包含:淮海战役/李俊总导演. 北京 : 中国三环音像社, 2002

关联. 包含:平津战役/李俊总导演. 北京 : 中国三环音像社, 2002

7.13.1 原版本

标识符:http://www.nlc.gov.cn/core/terms/isVersionOf

名称:is version of

出处:Dublin Core Terms:http://purl.org/dc/terms/

标签:原版本

定义:说明另一资源是本资源的原版本。

注释:原版本的视频资源可另行单独著录。

术语类型:元素修饰词

限定:关联

编码体系修饰词:URI;DOI;ISRC;ISBN

示例:

原版本:南征北战. 1952 年版

7.13.2 其他版本

标识符:http://www.nlc.gov.cn/core/terms/hasVersion

名称:has version

出处:Dublin Core Terms:http://purl.org/dc/terms/

标签:其他版本

定义:说明另一资源是本资源的不同版本。

注释:其他版本的资源可另行单独著录。

术语类型:元素修饰词

限定:关联

编码体系修饰词:URI;DOI;ISRC;ISBN

示例:

其他版本:南征北战.1974 年版

7.13.3 包含

标识符:http://www.nlc.gov.cn/core/terms/hasPart

名称:has part

出处:Dublin Core Terms:http://purl.org/dc/terms/

标签:包含

定义:说明本资源在物理上或逻辑上包含了另一资源。

注释:对于成系列的视频资源,可根据实际需求采用多层次著录,在系列视频资源与其所属的单个视频资源之间用“包含”的关联方式建立联系。

术语类型:元素修饰词

限定:关联

编码体系修饰词:URI;DOI;ISRC;ISBN

示例:

(题名:中华传统文化)

包含:敦煌莫高窟

7.13.4 包含于

标识符:http://www.nlc.gov.cn/core/terms/isPartOf

名称:is part of

出处:Dublin Core Terms:http://purl.org/dc/terms/

标签:包含于

定义:说明本资源是另一资源的物理或逻辑组成部分。

注释:对于成系列的视频资源,可根据实际需求采用多层次著录。在单个视频资源与其所属的系列视频资源之间用“包含于”建立联系。

术语类型:元素修饰词

限定:关联

编码体系修饰词:URI;DOI;ISRC;ISBN

示例:

(题名:敦煌莫高窟)

包含于:中华传统文化

7.13.5 原格式

标识符:http://www.nlc.gov.cn/core/terms/isFormatOf

名称:is format of

出处:Dublin Core Terms:http://purl.org/dc/terms/

标签:原格式

定义:说明本资源派生自另一资源,其内容相同,仅以不同的格式存在。

注释:对数字化的网络视频资源而言,建议以内容表达(作品的知识或艺术的表现)为一个著录单位,即同一数字化出版者或数字化制作者的、同一内容的所有单件(可以是不同格式)为一个著录单位。如根据实际应用需求,对同一数字化出版者或数字化制作者的、同一内容、不同格式的视频资源分别进行单独著录时,可在此处著录某一视频资源的原格式资源。

术语类型:元素修饰词

限定:关联

编码体系修饰词:URI;DOI;ISRC;ISBN

示例:

原格式:http://vod.nlc.gov.cn/wmv/WJVAW1205150946.wmv

编码体系修饰词:URI

7.13.6　其他格式

标识符:http://www.nlc.gov.cn/core/terms/hasFormat

名称:has format

出处:Dublin Core Terms:http://purl.org/dc/terms/

标签:其他格式

定义:说明另一资源派生自本资源,其内容相同,仅以不同的格式存在。

注释:对数字化的网络视频资源而言,建议以内容表达(作品的知识或艺术的表现)为一个著录单位,即同一数字化出版者或数字化制作者的、同一内容的所有单件(可以是不同格式)为一个著录单位。如根据实际应用需求,对同一数字化出版者或数字化制作者的、同一内容、不同格式的视频资源进行单独著录时,可在此处著录某一视频资源的其他格式资源。

术语类型:元素修饰词

限定:关联

编码体系修饰词:URI;DOI;ISRC;ISBN

示例:

其他格式:http://vod.nlc.gov.cn/mp4/WJVAW1205150946.mp4

编码体系修饰词:URI

7.13.7　参照

标识符:http://www.nlc.gov.cn/core/terms/references

名称:references

出处:Dublin Core Terms:http://purl.org/dc/terms/

标签:参照

定义:说明本资源参照、引用或以其他方式指向另一资源。

术语类型:元素修饰词

限定:关联

编码体系修饰词:URI;DOI;ISRC;ISBN

示例:

(题名:建国大业)

参照:大决战. 第二部, 淮海战役

(注:《建国大业》用了《大决战》第二部《淮海战役》中的个别视频信息。)

7.13.8 被参照

标识符:http://www.nlc.gov.cn/core/terms/isReferencedBy

名称:is referenced by

出处:Dublin Core Terms:http://purl.org/dc/terms/

标签:被参照

定义:说明另一资源参照、引用或以其他方式指向本资源。

术语类型:元素修饰词

限定:关联

编码体系修饰词:URI;DOI;ISRC;ISBN

示例:

(题名:大决战. 第二部, 淮海战役)

被参照:建国大业

(注:《大决战》第二部《淮海战役》中的个别视频信息被《建国大业》所用。)

7.13.9 URI

标识符:http://www.nlc.gov.cn/core/terms/URI

名称:URI

出处:http://www.ietf.org/rfc/rfc3986.txt

标签:URI

定义:统一资源标识符(Uniform Resource Identifiers,简称 URI)。

术语类型:编码体系修饰词

编码体系应用于:关联;原版本;其他版本;包含;包含于;原格式;

其他格式;参照;被参照

7.13.10　DOI

标识符:http://www.nlc.gov.cn/core/terms/DOI

名称:DOI

出处:http://www.doi.org/

标签:DOI

定义:数字对象标识符(Digital Object Identifier,简称 DOI)。

术语类型:编码体系修饰词

编码体系应用于:关联;原版本;其他版本;包含;包含于;原格式;其他格式;参照;被参照

7.13.11　ISRC

标识符:http://www.nlc.gov.cn/core/terms/ISRC

名称:ISRC

出处:http://www.iso.org/iso/catalogue_detail? csnumber=23401

标签:ISRC

定义:国际标准音像制品编码(International Standard Recording Code,简称 ISRC)。

术语类型:编码体系修饰词

编码体系应用于:关联;原版本;其他版本;包含;包含于;原格式;其他格式;参照;被参照

7.13.12　ISBN

标识符:http://www.nlc.gov.cn/core/terms/ISBN

名称:ISBN

出处:http://www.isbn.org/standare/home/isbn/international/index.asp

标签:ISBN

定义:国际标准书号(International Standard Book Number,简称 ISBN)。

术语类型:编码体系修饰词

编码体系应用于:关联;原版本;其他版本;包含;包含于;原格式;其他格式;参照;被参照

7.14 时空范围

标识符:http://www.nlc.gov.cn/core/elements/coverage

名称:coverage

出处:Dublin Core Terms:http://purl.org/dc/terms/

标签:时空范围

定义:资源所涉及的空间或时间主题,即资源所适用的空间或资源所辖的范围。

注释:资源所涉及的空间主题或所适用的空间范围可以是一个地名或地理坐标,时间范围可以是一个时间间隔、日期或日期范围。所辖范围可以是资源所适用的行政实体或地理区域。建议采用受控词表,例如地理名称叙词表[TGN],并应尽可能地使用由数字表示的坐标或日期范围来描述地名与时间段。

术语类型:元素

元素修饰词:空间范围;时间范围

示例:

时空范围.时间范围:name = 淮海战役; start: 1948; end: 1949;

编码体系修饰词:period

7.14.1 空间范围

标识符:http://www.nlc.gov.cn/core/terms/spatial

名称:spatial

出处:Dublin Core Terms:http://purl.org/dc/terms/

标签:空间范围

定义:资源知识内容涉及的空间特征。

术语类型:元素修饰词

限定:时空范围

编码体系修饰词:point;ISO 3166;TGN

示例:

空间范围:name = 长春; east = 43.88; north = 125.35

编码体系修饰词:point

7.14.2 point

标识符:http://www.nlc.gov.cn/core/terms/point

名称:point

出处:http://dublincore.org/usage/terms/dc/current-schemes/

标签:DCMI Point

定义:DCMI 地理位置,用地理坐标值来指明地点。

术语类型:编码体系修饰词

编码体系应用于:空间范围

7.14.3 ISO 3166

标识符:http://www.nlc.gov.cn/core/terms/ISO3166

名称:ISO 3166

出处:http://www.iso.org/iso/en/prods-services/iso3166ma/02iso-3166-code-lists/list-en1.html

标签:ISO 3166

定义:ISO 3166 标准中的国家和地区代码。

术语类型:编码体系修饰词

编码体系应用于:空间范围

7.14.4 TGN

标识符:http://www.nlc.gov.cn/core/terms/TGN

名称:TGN

出处:http://www.getty.edu/research/tools/vocabulary/tgn/index.html

标签:TGN

定义:Getty 地理名称叙词表。

术语类型:编码体系修饰词

编码体系应用于:空间范围

7.14.5　时间范围

标识符:http://www.nlc.gov.cn/core/terms/temporal

名称:temporal

出处:Dublin Core Terms:http://purl.org/dc/terms/

标签:时间范围

定义:资源知识内容涉及的时间特征。

术语类型:元素修饰词

限定:时空范围

编码体系修饰词:period;W3CDTF

示例:

　　时间范围:name = 淮海战役; start: 1948; end: 1949;
　　编码体系修饰词:period

7.14.6　period

标识符:http://www.nlc.gov.cn/core/terms/period

名称:period

出处:Dublin Core Terms:http://purl.org/dc/terms/

标签:DCMI Period

定义:表示时间间隔的一种方法。

术语类型:编码体系修饰词

编码体系应用于:时间范围

7.14.7　W3CDTF

标识符:http://www.nlc.gov.cn/core/terms/W3CDTF

名称:W3CDTF

出处:http://www.w3.org/TR/NOTE-datetime/

标签:W3C - DTF

定义:由万维网联盟(W3C)制定的日期和时间的编码规则——基于 ISO 8601 的一部分。

术语类型:编码体系修饰词

编码体系应用于:时间范围

7.15 权限

标识符:http://www.nlc.gov.cn/core/elements/rights

名称:rights

出处:Dublin Core Terms:http://purl.org/dc/terms/

标签:权限

定义:资源本身的所有者权利信息以及被赋予的权限信息。

注释:权限信息通常指与视频资源相关的各种产权声明,包括知识产权。

术语类型:元素

元素修饰词:版权拥有者;使用权限

示例:

权限:北京大学校园网范围内使用

7.15.1 版权拥有者

标识符:http://www.nlc.gov.cn/core/terms/rightsHolder

名称:rights holder

出处:Dublin Core Terms:http://purl.org/dc/terms/

标签:版权拥有者

定义:拥有资源版权的个人或团体。

术语类型:元素修饰词

限定:权限

示例:

版权拥有者:中国国家图书馆

7.15.2 使用权限

标识符:http://www.nlc.gov.cn/core/terms/accessRights

名称:access rights

出处:Dublin Core Terms:http://purl.org/dc/terms/

标签:使用权限

定义:被授权可以使用资源的个人、机构的职权范围以及对资源密级状态的说明。

术语类型:元素修饰词

限定:权限

示例:

使用权限:北京大学校园网范围内使用

8 资源类型核心元素及其修饰词

8.1 版本

标识符:http://www.nlc.gov.cn/webAndMultimediaCategory/terms/edition

名称:edition

出处:Metadata Object Description Schema:http://www.loc.gov/mods

标签:版本

定义:指明资源的版本信息。

注释:某一种视频资源因表演、编辑、制作形式的不同而产生的另一种视频资源,但不包括格式的差别。

术语类型:元素

示例:

版本:精编版

8.2 受众

标识符:http://www.nlc.gov.cn/webAndMultimediaCategory/terms/audience

名称:audience

出处:Dublin Core Terms:http://purl.org/dc/terms

标签:受众

定义:信息传播的接受者。

术语类型:元素

示例:

受众:专业人员

8.3 馆藏信息

标识符:http://www.nlc.gov.cn/webAndMultimediaCategory/terms/location

名称:location

出处:Metadata Object Description Schema:http://www.loc.gov/mods

标签:馆藏信息

定义:资源的馆藏信息。

术语类型:元素

元素修饰词:馆藏地;馆藏单位;索取号

示例:

馆藏信息:国家图书馆

8.3.1 馆藏地

标识符:http://www.nlc.gov.cn/webAndMultimediaCategory terms/placeOfHoldingAgence

名称:place of holding agency

出处:http://www.nlc.gov.cn/webAndMultimediaCategory/terms/

标签:馆藏地

定义:资源馆藏单位的所在地。

术语类型:元素修饰词

限定:馆藏信息

示例:

馆藏地:北京

8.3.2 馆藏单位

标识符:http://www.nlc.gov.cn/webAndMultimediaCategory/terms/holdingAgency

名称:holding agency

出处:http://www.nlc.gov.cn/webAndMultimediaCategory/terms/

标签:馆藏单位

定义:资源的收藏单位。

术语类型:元素修饰词

限定:馆藏信息

示例:

馆藏单位:国家图书馆

8.3.3 索取号

标识符:http://www.nlc.gov.cn/webAndMultimediaCategory/terms/callNumber

名称:call number

出处:http://www.nlc.gov.cn/webAndMultimediaCategory/terms/

标签:索取号

定义:代表每个资源在收藏单位整个馆藏体系中特有位置的号码。

注释:供实体视频资源用。

术语类型:元素修饰词

限定:馆藏信息

示例:

索取号:VC002447

9 个别元素及其修饰词

源载体

标识符:http://www.nlc.gov.cn/audio/terms/sourceMedium

名称:source medium

出处:http://www.nlc.gov.cn/audio/terms/

标签:源载体

定义:当本资源转换自其他载体时,说明源载体的特征。

注释:供转换自物理载体的数字化视频资源使用。

术语类型:元素

示例:

源载体:盒式录像带

第二部分　国家图书馆视频资源元数据著录规则

1 范围

本著录规则作为国家数字图书馆工程标准规范建设项目的视频资源元数据著录规则，提供国家图书馆视频资源元数据描述的指导性原则。

本著录规则适用于数字化的网络视频资源和用物理载体存储的实体视频资源的描述，主要针对国家图书馆数字化的网络视频资源而设计，适当兼顾实体视频资源的描述。

2 规范性引用文件

下列文件对于本文件的应用是必不可少的。凡是注日期的引用文件，仅注日期的版本适用于本文件。凡是不注日期的引用文件，其最新版本（包括所有的修改版）适用于本文件。

GB/T 3792.4—2009 文献著录：第4部分 非书资料

GY/T 202.1—2004 广播电视音像资料编目规范：第1部分 电视资料

DCMI DCSV：A syntax for representing simple structured data in a text sting

DCMI 结构化取值：在文本串中表现简单的结构化数据的句法

<http://dublincore.org/documents/2006/04/10/dcmi-dcsv>

DCMI Type Vocabulary. DCMI Recommendation, 28 August 2006. [DCMI-TYPE]

DCMI 资源类型表(推荐稿),2006 年 8 月 28 日 [DCMI-TYPE]

<http://dublincore.org/documents/dcmi-type-vocabulary>

Date and Time Formats, W3C Note. [W3CDTF]

日期与时间格式, W3C 注释 [W3CDTF]

<http://www.w3.org/TR/NOTE-datetime>

Getty Thesaurus of Geogrphic Names. [TGN]

地理名称叙词表 [TGN]

<http://www.getty.edu/research/conducting_research/vocabularies/tgn/index.html>

ISO 3166—Codes for the representation of names of countries. [ISO 3166]

ISO 3166——国家名称代码表 [ISO 3166]

<http://www.iso.org/iso/country_codes>

ISO 639—2—Codes for the representation of names of languages, Alpha - 3 code. [ISO 639]

ISO 639—2——语种名称代码表, 3 位代码 [ISO 639]

<http://www.loc.gov/standards/iso639-2/langhome.html>

MIME Media Types. [MIME]

因特网媒体类型 [MIME]

<http://www.iana.org/assignments/media-types>

Tags for Identifying Languages. [RFC 4646]
语种标识表 [RFC 4646]
<http://www. ietf. org/rfc/rfc4646. txt>

Uniform Resource Identifiers (URI) : Generic Syntax. [RFC 3986]
统一资源标识符（URI）：通用语法 [RFC 3986]
<http://www. ieft. org/rfc/rfc3986. txt>

3 著录总则

3.1 著录内容

本著录规则著录内容包含《国家图书馆视频资源元数据规范》定义的核心元素、资源类型核心元素、个别元素三组共 19 个元素及其相应的元素修饰词。除了必备与有则必备的数据项外，不要求具备所有的元素及其元素修饰词。本著录规则对元数据记录中各个元素的排列次序不作强制性规定，应用单位可根据自身的实际需要自行决定元素或元素修饰词的排列次序。

本著录规则列出了一些常用的编码体系修饰词，元数据应用单位可以根据自身的具体情况采用现有的编码体系修饰词，也可以自定义所需的编码体系修饰词。

3.2 著录单位

视频资源一般是以一个具有独立标识（例如：一个唯一名称、ISRC、URI 等）的视频资源为著录单位。可以是成系列的视频资源、单个视频资源，也可以是从单个视频资源中析出的视频信息。为了深度揭示视频资源的内容，满足用户的不同需求，本著录规则根据视频资源的特点将视频资源著录单位分为集合层、个体层以及分析层三种情

况进行处理:

(1)集合层:以系列视频资源或视频资源集合为单位进行著录。

(2)个体层:以具有独立标识的、可单独使用的单个数字视频文件(包括特定集合的数字视频文件)或者以一种单层次(或称无层次)的实体视频资源、多件(套)实体视频资源的各件(套)作为一个著录单位。

(3)分析层:以从个体层视频资源中析出的视频信息为单位进行著录。

为了便于组织视频资源,建议分别按下列方法分层著录,也可以在具体应用时,根据应用需求明晰著录的粒度。

3.3 视频资源的分层方法

3.3.1 数字化的网络视频资源的分层方法

3.3.1.1 集合层记录

(1)为以会议发言主题为单位存储的视频文件分别编制个体层记录时,应为整个会议视频资源编制集合层记录。

(2)对既有总题名又有分集题名的系列讲座、系列电影、电视连续剧的视频资源分散著录时,可为系列视频资源编制集合层记录。

(3)为汇集若干具有独立标识的、内容自成体系的视频资源编制集合层记录。如:相声集、小品集、动漫集以及演唱集等。

3.3.1.2 个体层记录

(1)为具有独立标识的、可单独使用的数字视频文件编制个体层记录。例如:内容完整并具有独立标识的戏剧、戏曲、电影、动漫、讲座、木偶剧、相声、舞蹈、唱段、小品、歌曲、乐曲、演讲等视频文件。

(2)为内容连续、具有独立标识但分集存储的视频文件编制个体层记录。例如:以"集"或"个"为单位分别存储的电视连续剧、电影、教学片、会议发言、讲座或者小说连播的视频文件。

(3)为具有独立标识,并由多个内容独立节目组成的集成性视频文件编辑个体层记录。例如：晚会、音乐会、演唱会、魔术比赛、演唱比赛的视频文件。

3.3.1.3　分析层记录

（1）可为个体层视频文件中具有再利用价值的片段、场景、镜头（如：个体层视频文件中的经典台词、经典唱段、片头曲、片尾曲、主题曲、插曲、乐曲/乐章、精彩演讲片段、歌曲片段、魔术片段、相声片段、小品片段等）编制分析层记录。

（2）为具有总题名，并由多个内容独立节目组成的集成性视频文件编辑个体层记录时，可为该文件中的各个独立的节目或主持人串场片段编制分析层记录。

（3）以整部剧为单位存储视频文件，可为戏剧、戏曲中的各“场次”或“幕次”编制分析层记录。

3.3.2　实体视频资源的分层方法

3.3.2.1　集合层记录

对既有总题名又有分集题名的系列讲座、系列电影、电视连续剧等实体视频资源分散著录时，可为系列视频资源编制集合层记录。

3.3.2.2　个体层记录

（1）以一种具有独立标识的单层次（或称无层次）的实体视频资源编制个体层记录。

（2）既有共同题名，又有各件（套）题名的多件（套）实体视频资源，以各件（套）视频资源编制个体层记录。

3.3.2.3　分析层记录

（1）根据需要可为实体视频资源个体层记录中的视频信息（如：片段、场景、镜头）编制分析层记录。

（2）必要时，可按“场次”或“幕次”为戏剧、戏曲编制分析层记录。

（3）为综艺节目视频资源中的各个节目编制分析层记录。

（4）根据需要，可为会议视频资料中的诸位演讲者的演讲编制分析层记录。

（5）可为杂技集、小品集、相声集、动漫集中的各个内容独立的视频编制分析层记录。

3.4 著录信息源

视频资源的主要著录信息源是视频资源本身。网络化的数字视频资源的主要信息源取自视频资源内正式出现的信息（如：题名帧、片尾、文件属性等），实体视频资源的主要信息源是其物理载体上或容器上的标签。为视频资源元数据的各个元素项（包括修饰词）规定的著录信息源为主要著录信息源，其次为视频资源的相关附件、容器及其他任何信息源。

3.5 著录项目

本著录规则规定的元数据著录项目为《国家图书馆视频资源元数据规范》定义的核心元素、资源类型核心元素、个别元素三组共 19 个元素及其相应的元素修饰词。根据视频资源的特点和用户需求，分别设置了集合层、个体层、分析层各层记录的核心元素、资源类型核心元素、个别元素及其修饰词，详见表 2－1。

表 2－1 视频资源各编目层次的元素及其修饰词

元素	元素修饰词	编码体系修饰词	集合层	个体层	分析层
核心元素（15 个）					
题名			√	√	√
	并列题名		√	√	√
	交替题名		√	√	√
	其他题名信息		√	√	√
	系列题名		√	√	
	分集总数		√	√	
	分集次		√	√	

续表

元素	元素修饰词	编码体系修饰词	集合层	个体层	分析层
创建者			√	√	√
	责任方式		√	√	√
主题			√	√	√
		汉语主题词表	√	√	√
		中国分类主题词表	√	√	√
		中国图书馆分类法	√	√	√
		美国国会图书馆主题词表	√	√	√
		美国国会图书馆分类表	√	√	√
描述			√	√	√
	摘要		√	√	√
	目次		√	√	
	获奖		√	√	√
出版者			√	√	
	出版地		√	√	
其他责任者			√	√	√
	责任方式		√	√	√
日期			√	√	
	创建日期		√	√	
	发布日期		√	√	
	出版日期		√	√	
		W3C - DTF	√	√	
类型			√	√	√
		DCMI 类型词表	√	√	√

续表

元素	元素修饰词	编码体系修饰词	集合层	个体层	分析层
格式			√	√	
	数量		√	√	
	尺寸		√	√	
	实长		√	√	√
	入点			√	√
	出点			√	√
	制式			√	
	画面宽高比			√	
	声音特征			√	
	色彩			√	
	分辨率			√	
	声道格式			√	
	音频编码格式			√	
	音频数据码率			√	
	音频采样频率			√	
	音频位深度			√	
	视频编码格式			√	
	视频取样格式			√	
	视频数据码率			√	
	媒体		√	√	
		IMT	√	√	
标识符			√	√	√
		URI	√	√	√
		DOI	√	√	√
		ISRC	√	√	√
		ISBN	√	√	√

续表

元素	元素修饰词	编码体系修饰词	集合层	个体层	分析层
来源			√	√	√
		URI	√	√	√
		DOI	√	√	√
		ISRC	√	√	√
		ISBN	√	√	√
语种			√	√	√
	声道编号		√	√	√
	声道语种		√	√	√
	字幕编号		√	√	√
	字幕语种		√	√	√
		RFC 4646	√	√	√
		ISO 639—2	√	√	√
关联			√	√	√
	原版本		√	√	
	其他版本		√	√	
	包含		√	√	
	包含于		√	√	√
	原格式		√	√	
	其他格式		√	√	
	参照			√	√
	被参照			√	√
		URI	√	√	√
		DOI	√	√	√
		ISRC	√	√	√
		ISBN	√	√	√

续表

元素	元素修饰词	编码体系修饰词	集合层	个体层	分析层
时空范围			√	√	√
	空间范围		√	√	√
	时间范围		√	√	√
		DCMI Point	√	√	√
		ISO 3166	√	√	√
		TGN	√	√	√
		DCMI Period	√	√	√
		W3C – DTF	√	√	√
权限			√	√	
	版权拥有者		√	√	
	使用权限		√	√	
资源类型核心元素(3 个)					
版本			√	√	
受众			√	√	
馆藏信息			√	√	
	馆藏地		√	√	
	馆藏单位		√	√	
	索取号			√	
个别元素(1 个)					
源载体			√	√	

3.6 著录用文字与符号

本著录规则著录所用文字按视频资源对象所用文字客观著录。本著录规则强调客观著录,但允许对原有视频资源所提供的错误信息予以纠正。由著录人员给出的中文摘要、中文关键词、中文主题词等信息，著录文字为简体中文；或元数据应用单位认为适用的文字（如：西文视频资源采用英文）著录。

著录用符号建议采用《国际标准书目著录》（International Standard Bibliographic Description，简称 ISBD）规定的著录标识符。若 ISBD 不适用时，建议遵循 DCSV（Dublin Core Structured Values）规范。

3.7 著录规则的内容结构

在著录细则中，以元素为主线撰写著录规则，每个元素说明的项目详见表 2－2“著录规则中的元素定义”；元素修饰词说明的项目详见表 2－3“著录规则中的元素修饰词定义”。

表 2－2 著录规则中的元素定义

项目	项目定义与内容
名称	赋予术语的唯一标记
标签	元素在本元数据规范中的可读标签
定义	元素在本元数据规范中的定义
元素的著录内容	在元数据规范中，核心元素、资源类型核心元素通常是比较抽象的，对于具体的资源对象，在著录规则中可以有细化的说明
注释	对元素著录时任何注意事项的说明
元素修饰词	若有元素修饰词，给出元素修饰词在本著录规则中的标签，其著录内容在下面具体说明
编码体系修饰词及其用法	元素取值依据的各种受控词表和规范标记，或者其形式遵循的特定解析规则。因此，一个使用某一编码系统表达的值可能会是选自某一受控词表的标志（例如取自一部分类法或一套主题词表的标志）或一串根据规范标记格式化的字符（例如作为日期标准表达的“2011－09－22”） 这里不仅要给出编码体系修饰词的名称，最重要的是应给出编码体系修饰词的具体用法

续表

项目	项目定义与内容
规范文档	说明著录元素内容时依据的各种规范。元素取值可能来自各种受控词表和规范。它可以和编码体系修饰词一致，也可以是适应具体需要而作出的相关规则
必备性	说明元素是否必须著录。取值有：必备（M）、有则必备（MA）、可选（O）
可重复性	说明元素是否可以重复著录。取值有：可重复（R）、不可重复（N）
著录范例	著录元素时的典型实例。实例包括元素与元素修饰词的著录说明

表 2－3　著录规则中的元素修饰词定义

项目	项目定义与内容
名称	赋予术语的唯一标记
标签	元素修饰词在本元数据规范中的可读标签
定义	元素修饰词在本元数据规范中的定义
元素修饰词的著录内容	对于具体的资源对象，在著录规则中可以有具体、细化的说明
注释	对元素修饰词著录时任何注意事项的说明
编码体系修饰词及其用法	元素修饰词取值依据的各种受控词表和规范标记，或者其形式遵循的特定解析规则。因此，一个使用某一编码系统表达的值可能会是选自某一受控词表的标志（例如取自一部分类法或一套主题词表的标志）或一串根据规范标记格式化的字符（例如作为日期标准表达的“2011－09－22”）。这里不仅要给出编码体系修饰词的名称，最重要的是应给出编码体系修饰词的具体用法

续表

项目	项目定义与内容
规范文档	说明著录元素修饰词内容时依据的各种规范。取值可能来自各种受控词表和规范。它可以和编码体系修饰词一致,也可以是适应具体需要而作出的相关规则
必备性	说明元素修饰词是否必须著录。取值有:必备(M)、有则必备(MA)、可选(O)
可重复性	说明元素修饰词是否可以重复著录。取值有:可重复(R)、不可重复(N)
著录范例	著录元素修饰词时的典型实例

4 元素及修饰词著录细则

4.1 题名

名称:title

标签:题名

定义:赋予资源的名称。

元素的著录内容:一般指视频资源正式公开的名称。包括正式名称之外的其他名称和替代写法。

注释:(1)视频资源题名依据著录信息源著录,对于有语法关系的标点符号、空格也应照录。题名中有方括号应著录成圆括号。无法照录的图形及符号或其他内容,可用相应的文字代替,著录在方括号内。

(2)不同创建者创作的多个独立视频资源无总题名时,其各个独立视频资源题名须分别启用“题名”元素。

(3)既有总题名又有分集题名的视频资源集中著录时,各分集的题名与创建者可著录在“描述”元素的“目次”修饰词中。

(4)如视频资源的题名不能从著录信息源上找到,编目员可自拟一个概括视频资源内容的名称,并在“描述”元素中记录“题名由编目员自拟”。

元素修饰词:并列题名;交替题名;其他题名信息;系列题名;分集总数;分集次

必备性:必备

可重复性:可重复

著录范例:

例 1:题名:南征北战

例 2:题名:中央电视台 2001 年春节联欢晚会

例 3:题名:海莉 · 韦斯特拉新西兰音乐会

例 4:题名:新中国舞台影视艺术精品选

例 5:题名:颐和园

题名:北海

(注:人民美术出版社和北京银冠电子科技公司制作的题名为《颐和园 · 北海》的 DVD。)

4.1.1 并列题名

名称:parallel title

标签:并列题名

定义:用另一种语言文字表示的题名。

元素修饰词的著录内容:依据著录信息源著录用另一种语言文字表示的题名。

必备性:有则必备

可重复性:可重复

著录范例:

并列题名:Benefits beyond boundaries

4.1.2 交替题名

名称:alternative

标签:交替题名

定义:资源正式名称的别名。

元素修饰词的著录内容:依据著录信息源著录视频资源正式题名的别名,包括正式题名的缩写。

注释:(1)若有两个或多个交替题名时,可重复使用“交替题名”修饰词。

(2)交替题名的文字书写和标点符号的著录要遵循“题名”元素的有关规定。

必备性:有则必备

可重复性:可重复

著录范例:

交替题名:女主播的故事

(注:深圳音像公司出版的题名为《夏娃的诱惑》的视频资源,其别名为《女主播的故事》。)

4.1.3 其他题名信息

名称:other title information

标签:其他题名信息

定义:用来限定、补充、解释、说明正式题名的文字。

元素修饰词的著录内容:依据著录信息源著录用来限定、补充、解释、说明正式题名的文字。

注释:(1)其他题名信息的文字书写和标点符号的著录遵循“题名”元素著录的有关规定。

(2)视频资源载有两个或多个其他题名信息时,可重复使用“其他题名信息”修饰词。

必备性:可选

可重复性:可重复

著录范例:

例 1:其他题名信息:社会地理信息系统的构成与实践

（注:北京大学自行拍摄的题名为《面向未来的社会学》的数字视频,其副题名为《社会地理信息系统的构成与实践》。）

例 2:其他题名信息:伦巴舞篇

（注:海文音像出版社出版的题名为《拉丁风情》视频资源,其副题名为《伦巴舞篇》。）

例 3:其他题名信息:二十集电视连续剧

（注:贵州东方音像出版社出版的题名为《女人不再沉默》的"二十集电视连续剧"。）

4.1.4 系列题名

名称:series title

标签:系列题名

定义:资源所属系列的名称。

元素修饰词的著录内容:著录汇集多个相互关联而又各自独立的视频资源所属系列的总题名。

注释:系列题名的文字书写和标点符号的著录遵循"题名"元素著录的有关规定。

必备性:有则必备

可重复性:不可重复

著录范例:

系列题名:中世纪战争

4.1.5 分集总数

名称:total number of episodes

标签:分集总数

定义:资源所属系列的集数总和。

元素修饰词的著录内容:依据著录信息源或相关文字资料,用阿拉伯数字著录分集总数。

必备性:有则必备

可重复性:不可重复

著录范例:

分总集数:48

4.1.6　分集次

名称:number of an episode

标签:分集次

定义:资源所属系列的分集序号。

元素修饰词的著录内容:依据著录信息源或相关文字资料著录分集次,分集次中的数字一律用阿拉伯数字著录。

必备性:有则必备

可重复性:不可重复

著录范例:

分集次:第 4 部

4.2　创建者

名称:creator

标签:创建者

定义:创建资源的主要责任者。

元素的著录内容:(1)著录视频资源的主要责任实体。如:戏剧、戏曲、电影、电视剧、相声、小品、动漫、专题、讲座、会议等视频资源的编导、编剧者、编曲者、编舞者,编制者、表演者、策划者、承办者、创作者、导演、动画、会议名称、记者、解说者、配像者、配音者、摄影者、摄制者、受访者、演唱者、演讲者、演奏者、指挥、主办者、主编、主持者、主讲者、著者、作词者、作曲者、作者等。(2)"创建者"元素包括个人名称、团体名称以及会议名称。

注释:(1)依据著录信息源如实著录创建者。

(2)会议名称的著录形式为"会议名称(届次:会议日期:会

议地点)”。会议日期著录召开会议的年份,会议地点著录会议召开地点所在的城市。

元素修饰词:责任方式

规范文档:宜为创建者名称建立规范文档。

必备性:有则必备

可重复性:可重复

著录范例:

例1:创建者:李俊

例2:创建者:高群耀

例3:创建者:莱昂纳多·迪卡普里奥(Leonardo Dicaprio)

例4:创建者:北京大学社会学系

例5:创建者:纪念达尔文《物种起源》发表150周年国际学术会议(2009:北京)

责任方式

名称:role

标签:责任方式

定义:对资源的知识内容或艺术内容进行创造、整理的方式。

元素修饰词的著录内容:著录创建者的创作方式,如:导演、主演、演讲、演唱、演奏、解说、朗诵等。

注释:(1)依据在编视频资源的著录信息源如实著录责任方式。

(2)创建者应与所负的责任方式相对应。

(3)同一创建者有两个或多个责任方式时,可重复使用“责任方式”。

规范文档:宜为责任方式建立规范文档。

必备性:有则必备

可重复性:可重复

著录范例：

例 1:(创建者:李俊)

责任方式:总导演

(创建者:古月)

责任方式:主演

(创建者:赵恒多)

责任方式:主演

(创建者:苏林)

责任方式:主演

(创建者:刘怀正)

责任方式:主演

(创建者:马绍信)

责任方式:主演

例 2:(创建者:高群耀)

责任方式:演讲

例 3:(创建者:莱昂纳多·迪卡普里奥(Leonardo Dicaprio))

责任方式:主演

(创建者:凯特·温斯莱特(Kate Winslet))

责任方式:主演

(创建者:詹姆斯·卡梅隆(Ames Cameron))

责任方式:主演

例 4:(创建者:保罗·基利(Paul Killick))

责任方式:表演

责任方式:讲授

例 5:(创建者:卢立夫)

责任方式:朗诵

(创建者:薛燕)

责任方式:朗诵
(创建者:马玉涛)
责任方式:独唱
(创建者:马国光)
责任方式:独唱
(创建者:贾世俊)
责任方式:独唱

4.3 主题

名称:subject

标签:主题

定义:资源内容的主题描述。

元素的著录内容:一般采用关键词、来自受控词表的主题词或来自规范的分类体系的分类号。

注释:揭示视频资源内容的时间或空间主题优先著录于"时空范围"元素及其修饰词。

编码体系修饰词及其用法:CT;CCT;CLC;LCSH;LCC

规范文档:CT(汉语主题词表);CCT(中国分类主题词表);CLC(中国图书馆分类法);LCSH(美国国会图书馆主题词表);LCC(美国国会图书馆图书分类法)

必备性:可选

可重复性:可重复

著录范例:

例1:主题:通货膨胀
编码体系修饰词:CT

例2:主题:J951.1
编码体系修饰词:CLC

例3:主题:Motion picture – United States – History

编码体系修饰词:LCSH

例 4:主题:DVA5401

编码体系修饰词:LCC

例 5:主题:楹联

4.4 描述

名称:description

标签:描述

定义:资源内容的说明。

元素的著录内容:对视频资源内容的描述。本著录规则规定描述包括摘要、目次以及获奖,凡是涉及摘要、内容目次以及获奖情况的说明应用相应的元素修饰词限定。但是,“描述”元素可以不限于著录前面提及的内容,凡不能在其他元素或修饰词中揭示的、与在编视频资源有关的说明(如:关于自拟题名的说明)均可采用本元素。

元素修饰词:摘要;目次;获奖

必备性:可选

可重复性:可重复

著录范例:

例 1:描述:洪昭光教授健康生活方式大型讲座

例 2:描述:题名中“界”字原为地球图形

4.4.1 摘要

名称:abstract

标签:摘要

定义:资源内容的概要。

元素修饰词的著录内容:以自由行文的方式,用概括性的文字描述视频资源的主要内容。

注释:建议从视频资源的主题、特点、作品创作年代等方面撰写摘要,文字力求言简意赅。

必备性:可选

可重复性:不可重复

著录范例:

摘要:主持人沿着青藏铁路驾车,途经青海湖,参观湖边牧牛人的帐篷和鸟岛保护站,并夜宿青海湖边,次日驱车前往格尔木市。

4.4.2 目次

名称:table of contents

标签:目次

定义:资源的子单元列表。

元素修饰词的著录内容:著录各个分集的题名或者视频资源中各析出视频的题名。

注释:将视频资源的子目依次著录在"目次"内,建议各组成单元前冠分号";"。在各个组成单元中,可依次著录序号、题名、其他题名信息、创建者、实长等信息,并在其他题名信息前冠冒号":",创建者前冠斜线"/",实长置于圆括号"()"中。在同一责任方式的创建者前置逗号","。

必备性:可选

可重复性:不可重复

著录范例:

目次:百听不厌;开门;南北颂;洞房絮话;新春乐

4.4.3 获奖

名称:awards

标签:获奖

定义:资源的获奖说明。

注释:包括作品获奖、获奖作品中个人获奖以及团体获奖。

元素修饰词的著录内容:著录视频资源的获奖说明。建议获奖说明依次著录获奖年、获奖者、奖名、奖项。

必备性:可选

可重复性:可重复

著录范例:

获奖:2008 年,《贫民窟的百万富翁》获第 33 届多伦多国际电影节“人民选择奖”。2009 年,《贫民窟的百万富翁》获第 81 届奥斯卡最佳影片奖、最佳改编剧本奖、最佳电影剪辑奖、最佳原创音乐奖、最佳音效合成奖以及最佳摄影奖。此外,“Jai Ho”获第 81 届奥斯卡最佳原创歌曲奖,丹尼 · 保尔(Danny Boyle)获第 81 届奥斯卡最佳导演奖。

4.5 出版者

名称:publisher

标签:出版者

定义:使资源可以获得和利用的责任实体。

元素的著录内容:著录可以获得或利用的、对视频资源负出版责任的实体。

注释:(1)依据著录信息源著录出版者。

(2)如果视频资源有两个或多个出版者,可重复使用“出版者”元素。

元素修饰词:出版地

必备性:有则必备

可重复性:可重复

著录范例:

例 1:出版者:北京电视艺术中心音像出版社

例 2:出版者:齐鲁音像出版社

例 3:出版者:北京大学音像出版社

出版者:北京大学出版社

出版地

名称:place

标签:出版地

定义:资源出版者的所在地。

元素修饰词的著录内容:著录视频资源出版者所在的城市名称。如无城市名称可著录出版者所在的国家。

注释:两个或多个出版者分别在不同的地方出版同一视频资源时,出版地与出版者应一一对应。

必备性:有则必备

可重复性:可重复

著录范例:

例 1:出版地:济南

(注:齐鲁音像出版社的所在城市。)

例 2:出版地:北京

(注:北京电视艺术中心音像出版社的所在城市。)

4.6 其他责任者

名称:contributor

标签:其他责任者

定义:对资源作出贡献的其他责任实体。

元素的著录内容:著录对视频资源内容做出贡献的、除创建者之外的其他实体。如:视频资源的灯光师、化妆师、编辑、监制者、出品者等。

注释:对视频资源内容创作负次要责任的实体包括个人和机构团体。其他责任者用个人名称或机构团体名称表示。

元素修饰词:责任方式

规范文档:宜为其他责任者名称建立规范文档。

必备性:有则必备

可重复性:可重复

著录范例:

其他责任者:方放

责任方式

名称:role

标签:责任方式

定义:对资源的知识内容或艺术内容进行创造、整理的方式。

元素修饰词的著录内容:著录其他责任者的创作方式,如:监制、编辑等。

注释:(1)依据在编视频资源的著录信息源如实著录责任方式。

(2)其他责任者应与所负的责任方式相对应。

(3)同一其他责任者有两个或多个责任方式时,可重复使用“责任方式”。

规范文档:宜为责任方式建立规范文档。

必备性:有则必备

可重复性:可重复

著录范例:

(其他责任者:方放)

责任方式:监制

4.7 日期

名称:date

标签:日期

定义:与资源生命周期中的一个事件相关的时刻或一段时间。

元素的著录内容:著录与在编视频资源的创建、发布、出版有关的日期。

注释:著录具体日期应用专门的日期修饰词。建议采用 ISO 8601 [W3CDTF]国际标准或 GB/T 7408—2005 国家标准,按照"YYYY - MM - DD"格式著录日期。"YYYY"表示用 4 位数著录年,"MM"表示用 2 位数著录月,"DD"表示用 2 位数著录日。

元素修饰词:创建日期;发布日期;出版日期

编码体系修饰词及其用法:W3CDTF

必备性:有则必备

可重复性:可重复

著录范例:

日期:2009 - 10 - 15

编码体系修饰词:W3CDTF

4.7.1　创建日期

名称:created

标签:创建日期

定义:资源创建的日期。

元素修饰词的著录内容:一般著录视频资源的制作、拍摄完成日期。

注释:元数据应用单位可根据具体应用采用其他编码体系修饰词。建议按照"YYYY - MM - DD"格式著录创建日期。

编码体系修饰词及其用法:W3CDTF

必备性:有则必备

可重复性:可重复

著录范例:

创建日期:2010 - 06 - 15

编码体系修饰词:W3CDTF

4.7.2　发布日期

名称:issued

标签:发布日期

定义:资源正式发布的日期。

元素修饰词的著录内容:著录数字化的网络视频资源公布于众以供利用的发布日期。

注释:元数据应用单位可根据具体应用采用其他编码体系修饰词。建议按照“YYYY - MM - DD”格式著录发布日期。

编码体系修饰词及其用法:W3CDTF

必备性:有则必备

可重复性:可重复

著录范例:

发布日期:2010 - 10 - 26

编码体系修饰词:W3CDTF

4.7.3 出版日期

名称:published

标签:出版日期

定义:资源正式出版的日期。

元素修饰词的著录内容:著录视频资源正式出版的日期。

注释:(1)元数据应用单位可根据具体应用采用其他编码体系修饰词。建议按照“YYYY - MM - DD”格式著录出版日期。

(2)若在编视频资源无出版日期时,可参照国际标准音像制品编码(ISRC)的第三段著录出版年。

编码体系修饰词及其用法:W3CDTF

必备性:有则必备

可重复性:不可重复

著录范例:

出版日期:2009

编码体系修饰词:W3CDTF

4.8 类型

名称:type

标签:类型

定义:资源的特征或类型。

元素的著录内容:著录视频资源内容的属性或类别。在本著录规则中,宜将类型的缺省值著录为"视频资源"。

注释:建议取值于受控词表,例如:DCMI 类型词汇表,元数据应用单位可根据自身的实际需要采用其他受控词表。

编码体系修饰词及其用法:DCMIType

规范文档:DCMI 类型词表

必备性:必备

可重复性:可重复

著录范例:

类型:视频资源

4.9 格式

名称:format

标签:格式

定义:资源的文件格式、物质媒体或尺寸规格。

元素的著录内容:格式可以包括视频资源的媒体类型或视频资源的大小,格式元素可以用来确定展示或操作视频资源所需的软硬件或其他设备。宜采用本著录规则"格式"元素中规定的修饰词著录视频资源的数量、尺寸、实长、入点、出点、制式、画面宽高比、声音特征、色彩、分辨率、声道格式、音频编码格式、音频数据码率、音频采样频率、音频位深度、视频编码格式、视频取样格式、视频数据码率、媒体。

元素修饰词:数量;尺寸;实长;入点;出点;制式;画面宽高比;声

音特征;色彩;分辨率;声道格式;音频编码格式;音频数据码率;音频采样频率;音频位深度;视频编码格式;视频取样格式;视频数据码率;媒体

编码体系修饰词及其用法:IMT

规范文档:IMT

必备性:可选

可重复性:可重复

著录范例:

例1:格式.实长:01:20:00

例2:格式.入点:00:00:00

4.9.1 数量

名称:extent

标签:数量

定义:资源的数量。

元素修饰词的著录内容:著录视频文件的个数、字节数以及实体视频资源的数量及其单位。

注释:(1)整套数字化的网络视频资源集中著录时,数量可著录文件个数。编制集合层记录时,若数字视频资源尚未出齐可不著录文件个数。

(2)单个视频文件著录文件的字节数。

(3)实体视频资源著录其资源数量及其单位。

必备性:可选

可重复性:不可重复

著录范例:

例1:数量:152174K

例2:数量:4 DVD

4.9.2 尺寸

名称:dimension

标签:尺寸

定义:实体资源的尺寸。

元素修饰词的著录内容:著录实体视频资源的物理尺寸。

注释:(1)录像带以及影片的尺寸,以“mm”(毫米)为单位著录胶卷的宽度。8mm 的标准带可不著录尺寸,但是少于 8mm 或者超过 8mm,则应著录其尺寸。

(2)对于光盘类圆形视频资源的尺寸,以“cm”(厘米)为单位著录其直径。

必备性:可选

可重复性:不可重复

著录范例:

尺寸:12 cm

4.9.3　实长

名称:duration

标签:实长

定义:视音频资源正式有效内容的实际时间长度。

元素修饰词的著录内容:著录播放视频资源正式有效内容的实际时间长度。

注释:建议采用 hh:mm:ss 的格式著录。

必备性:有则必备

可重复性:不可重复

著录范例:

实长:04:45:00

4.9.4　入点

名称:starting point

标签:入点

定义:视音频资源正式有效内容的起始点时间。

元素修饰词的著录内容:著录视频资源正式有效内容开始的时

间点。

注释:建议采用 hh:mm:ss 的格式著录。

必备性:有则必备

可重复性:不可重复

著录范例:

例 1:入点:00:00:00

例 2:入点:00:02:30

4.9.5 出点

名称:ending point

标签:出点

定义:视音频资源正式有效内容的结束点时间。

元素修饰词的著录内容:著录视频资源正式有效内容结束的时间点。

注释:建议采用 hh:mm:ss 的格式著录。

必备性:可选

可重复性:不可重复

著录范例:

出点:00:05:10

4.9.6 制式

名称:system

标签:制式

定义:发送端和接受端共同采用的特定的信号处理方式,主要包括图像信号的形式、传送和图像重现的方法。

元素修饰词的著录内容:依据著录信息源著录“制式”。

注释:录像带通常采用“PAL”、“NTSC”或“ECAM”三种制式。我国出版的录像带一般采用“PAL”制式。

必备性:可选

可重复性:不可重复

著录范例：

例：制式：PAL

4.9.7 画面宽高比

名称：aspect ratio

标签：画面宽高比

定义：视频资源显示画面的宽度与高度之比。

元素修饰词的著录内容：依据在编视频资源的具体情况著录画面宽高比。

注释：元素修饰词的取值建议采用“16∶9”、“4∶3”以及“其他”。

必备性：可选

可重复性：不可重复

著录范例：

画面宽高比：4∶3

4.9.8 声音特征

名称：sound characteristics

标签：声音特征

定义：视频资源的声音特征。

元素修饰词的著录内容：依据在编视频资源的具体情况，建议用“有声”或“无声”著录声音特征。

必备性：可选

可重复性：不可重复

著录范例：

例1：声音特征：有声

例2：声音特征：无声

4.9.9 色彩

名称：color

标签：色彩

定义：描述视频资源主要内容显现的色彩种类。

元素修饰词的著录内容:用“彩色”或“黑白”著录视频资源的色彩。

必备性:可选

可重复性:不可重复

著录范例:

例1:色彩:彩色

例2:色彩:黑白

4.9.10 分辨率

名称:resolution

标签:分辨率

定义:反映显示器件、光学器件等的精细程度和分辨能力。

元素修饰词的著录内容:根据在编数字视频资源的实际情况著录其分辨率。

注释:通常在播放视频资源文件的“属性”中可获取在编视频资源的分辨率。常用的标准分辨率有 640 × 480、800 × 600、1024 ×768、1280 ×768、1280 ×1024、1600 ×1200。

必备性:可选

可重复性:不可重复

著录范例:

例1:分辨率:320 ×240

例2:分辨率:1280 ×1024

4.9.11 声道格式

名称:sound channel format

标签:声道格式

定义:描述视音频资源声音通道之间的关系。

元素修饰词的著录内容:依据资源的实际情况著录声道特征。

注释:元素修饰词的取值建议采用“单声道”“双声道”“立体声”。

必备性:可选

可重复性:不可重复

著录范例:

声道格式:立体声

4.9.12 音频编码格式

名称:audio coding format

标签:音频编码格式

定义:数字音频采样序列的编码格式。

元素修饰词的著录内容:著录数字视频资源的数字音频采样序列的编码格式。

注释:(1)仅供数字视频资源使用,音频编码格式包括 PCM、MPEG1 Layer1、MPEG1 Layer2、MPEG1 Layer3、MPEG2 Layer1、MPEG2 Layer2、MPEG2 Layer3、OGG、MPC 等。

(2)通常在播放视频资源的文件"属性"中可获取在编资源的音频编码格式。

必备性:可选

可重复性:不可重复

著录范例:

音频编码格式:MPEG2 Layer3

4.9.13 音频数据码率

名称:audio data rate

标签:音频数据码率

定义:音频数据码流的每秒传输比特值。

元素修饰词的著录内容:根据资源的实际情况,著录音频数据码流的每秒传输比特值。

注释:通常在播放视频资源的文件"属性"中可获取在编资源的音频数据码率。

必备性:可选

可重复性:不可重复

著录范例：

音频数据码率：128 Kbps

4.9.14 音频采样频率

名称：audio sampling frequency

标签：音频采样频率

定义：在视音频资源数字化时的音频采样频率（或称取样率）。

元素修饰词的著录内容：根据数字视频资源的实际情况，以“KHz”为单位著录音频采样频率。

注释：通常在播放视频资源的文件“属性”中可获取在编资源的音频采样频率。常见的音频采样频率有32KHz、44.1KHz、48KHz、96KHz、192KHz。

必备性：可选

可重复性：不可重复

著录范例：

音频采样频率：48KHz

4.9.15 音频位深度

名称：audio bit depth

标签：音频位深度

定义：在视音频资源数字化时，样本音频信息使用的比特数，也称为声音样本量的量化深度。

元素修饰词的著录内容：根据资源的实际情况，以“bit”（比特）为单位著录音频位深度。

注释：（1）供数字视频资源使用。

（2）通常在播放视频资源的文件“属性”中可获取在编资源的音频位深度。常见的音频位深度有8bit、16bit、24bit。

必备性：可选

可重复性：不可重复

著录范例：

音频位深度:8 bit

4.9.16 视频编码格式

名称:video coding format

标签:视频编码格式

定义:视频数字化的编码方式。

元素修饰词的著录内容:根据数字视频资源的实际情况著录视频编码格式。

注释:通常在播放视频资源文件的“属性”中可获取在编视频资源的视频编码格式。

必备性:可选

可重复性:不可重复

著录范例:

视频编码格式:RV40

4.9.17 视频取样格式

名称:video sampling type

标签:视频取样格式

定义:视频信息编码时,编码信息从原始图像信息中取样的方式。

元素修饰词的著录内容:根据数字视频资源的实际情况著录视频取样格式。

注释:通常在播放视频资源文件的“属性”中可获取在编视频资源的视频取样格式。常用的视频取样格式有4:1:1、4:2:0、4:2:2、4:4:4、4:4:4:4。

必备性:可选

可重复性:不可重复

著录范例:

视频取样格式:4:1:1

4.9.18 视频数据码率

名称:video bit rate

标签:视频数据码率

定义:视频数据码流的每秒传输比特值。

元素修饰词的著录内容:根据数字化视频资源的实际情况,以"Mb/s"为单位著录视频数据码率。

注释:通常在播放视频资源文件的"属性"中可获取在编视频资源的视频数据码率。

必备性:可选

可重复性:不可重复

著录范例:

视频数据码率:12 Mb/s

4.9.19 媒体

名称:medium

标签:媒体

定义:资源的物理媒体或组成材料。

元素修饰词的著录内容:此术语用于明确实体视频资源的物理载体和数字化的网络视频资源的数字化格式。著录视频资源的数字化格式建议遵循 IMT(互联网媒体类型)的规定,采用规范的表达形式著录媒体。IMT 定义了各种互联网媒体格式,一般用"类型/子类型"这一形式著录视频资源的媒体,全部用小写字母。如:video/mpeg, video/mp4, video/ogg, video/quicktime, video/webm, video/x-ms-wmv 等。

编码体系修饰词及其用法:IMT

规范文档:IMT

必备性:可选

可重复性:不可重复

著录范例:

媒体:video/mp4

编码体系修饰词:IMT

4.10　标识符

名称:identifier

标签:标识符

定义:在特定上下文环境中,给予资源的一个明确的标识。

元素的著录内容:著录在特定的环境中确认视频资源的唯一标识。建议采用符合正式标识体系的字符串进行标识,例如统一资源标识符(URI)、数字对象标识符(DOI)、国际标准书号(ISBN)、国际标准音像制品编码(ISRC)等。

注释:对于既有国际标准音像制品编码又有国际标准书号的视频资源,在"标识符"元素应分别予以著录。

编码体系修饰词及其用法:URI;DOI;ISRC;ISBN

必备性:有则必备

可重复性:可重复

著录范例:

例1:标识符:http://space.tv.cctv.com/video/VIDE1260015602137884

编码体系修饰词:URI

(注:题名为《甲流疫情新特点》视频资源的URI。)

例2:标识符:CN-A60-02-307-01

编码体系修饰词:ISRC

(注:题名为《大决战》视频资源的ISRC。)

例3:标识符:7-88572-523-5

编码体系修饰词:ISBN

(注:题名为《南征北战》视频资源的ISBN。)

标识符:CN-G03-04-0155-0

编码体系修饰词:ISRC

(注:题名为《南征北战》视频资源的ISRC。)

4.11 来源

名称:source

标签:来源

定义:与当前资源来源有关的资源。

元素的著录内容:当前视频资源可能部分或全部源自来源元素所标识的资源。建议采用符合正式标识体系的字符串对相关资源进行标识。依据《都柏林核心图书馆应用纲要》(DC-Library Application Profile),建议将数字化视频资源的非数字原件著录于此。

编码体系修饰词及其用法:URI;DOI;ISRC;ISBN

必备性:可选

可重复性:可重复

著录范例:

例 1:来源:http://space.tv.cctv.com/video/VIDE1260015602137884

编码体系修饰词:URI

例 2:来源:CN - A60 - 02 - 307 - 01

编码体系修饰词:ISRC

4.12 语种

名称:language

标签:语种

定义:资源的语种。

元素的著录内容:著录在编视频资源内容所用的声道语种和字幕语种。

注释:(1)建议采用规范的语种代码进行标识(例如:ISO 639—2)。采用中文著录时,建议使用附录 A。

(2)著录视频资源的语种时,既要注意声道编号与声道语种对应,也要注意字幕编号与字幕语种对应。

(3)有两种或多种声道语种或字幕语种时,可重复使用声道编号和声道语种,字幕编号与字幕语种。

元素修饰词:声道编号;声道语种;字幕编号;字幕语种

编码体系修饰词及其用法:RFC 4646;ISO 639—2

规范文档:RFC 4646;ISO 639—2

必备性:可选

可重复性:可重复

著录范例:

语种:chi

编码体系修饰词:ISO 639—2

4.12.1 声道编号

名称:audio channel number

标签:声道编号

定义:视音频资源的声音通道的序次号。

元素修饰词的著录内容:著录视频资源声音通道的序次号。

注释:(1)根据视频资源自身的实际情况用阿拉伯数字著录声道编号。

(2)每一项声道编号应对应一项声道语种。

必备性:可选

可重复性:可重复

著录范例:

声道编号:1

4.12.2 声道语种

名称:audio channel language

标签:声道语种

定义:视音频资源的声音通道的语种名称。

元素修饰词的著录内容：著录视频资源声音通道的语种名称。

注释：(1)建议采用规范的语种代码进行标识(例如：ISO 639—2)。采用中文著录时，建议使用附录A。

(2)根据在编视频资源播放的主体语音及附件等文字资料著录声道语种，个别片段中的语种忽略不计。

(3)有两种或多种声道语种时，可重复使用"声道编号"和"声道语种"。应注意"声道编号"与"声道语种"的对应。

编码体系修饰词及其用法：RFC 4646；ISO 639—2

规范文档：RFC 4646；ISO 639—2

必备性：可选

可重复性：可重复

著录范例：

例1：声道语种：英语

例2：声道语种：汉语

4.12.3 字幕编号

名称：subtitle number

标签：字幕编号

定义：视频资源中字幕的序次号。

元素修饰词的著录内容：著录视频资源中字幕的序次号。

注释：(1)根据视频资源自身的实际情况用阿拉伯数字著录字幕编号。

(2)每一项字幕编号应对应一项字幕语种。

必备性：可选

可重复性：可重复

著录范例：

字幕编号：1

4.12.4 字幕语种

名称：subtitle language

标签:字幕语种

定义:视频资源字幕的语种名称。

元素修饰词的著录内容:著录视频资源的字幕语种名称。

注释:(1)建议采用规范的语种代码进行标识(例如:ISO 639—2)。采用中文著录时,建议使用附录 A。

(2)根据在编视频资源的字幕及附件等著录视频主体内容的字幕语种。片头、片花、片尾、宣传片等节目包装信息以及附加标志中出现的文字,不作为字幕语种的著录依据。

(3)有两种或多种字幕语种时,可重复使用“字幕编号”和“字幕语种”。应注意“字幕编号”与“字幕语种”的对应。

编码体系修饰词及其用法:RFC 4646;ISO 639—2

规范文档:RFC 4646;ISO 639—2

必备性:可选

可重复性:可重复

著录范例:

例 1:字幕语种:chi
编码体系修饰词:ISO 639—2

例 2:(字幕编号:1)
字幕语种:chi
编码体系修饰词:ISO 639—2
(字幕编号:2)
字幕语种:eng
编码体系修饰词:ISO 639—2

4.13 关联

名称:relation

标签:关联

定义:相关资源。

元素的著录内容：著录与在编视频资源存在某种关系的其他资源，这些关系包括：包含与包含于、参照与被参照、原版本与其他版本、原格式与其他格式。

注释：(1)关联表达在编视频资源与其他相关视频资源之间的关系。例如：部分与整体、不同格式之间、不同版本之间的关系等。

(2)元数据应用单位可根据自身的实际需要和视频资源之间的关系，选用“关联”元素中适用的修饰词。

(3)建议采用符合正式标识体系的字符串进行标识。如果无法获得标识，可做书目描述或采用标准的引文格式进行描述，如：题名/创建者. 版本. 出版地 ：出版者，出版年。

元素修饰词：原版本；其他版本；包含；包含于；原格式；其他格式；参考；被参考

编码体系修饰词及其用法：URI；DOI；ISRC；ISBN

必备性：可选

可重复性：可重复

著录范例：

(题名：大决战)

关联. 包含：辽沈战役/李俊总导演. 北京 ：中国三环音像社，2002

关联. 包含：淮海战役/李俊总导演. 北京 ：中国三环音像社，2002

关联. 包含：平津战役/李俊总导演. 北京 ：中国三环音像社，2002

4.13.1 原版本

名称：is version of

标签：原版本

定义：说明另一资源是本资源的原版本。

元素修饰词的著录内容:著录本视频资源与原版本的关系,如:不同时期拍摄的同一主题内容的视频资源,可将首次拍摄的视频资源作为原版本处理。一般用字符串或数字代码标识原版本资源。

注释:(1)“原版本”用于揭示制作视频资源过程中形成的各种版本与原版本之间的关系。

(2)建议采用符合正式标识体系的字符串进行标识。如果无法获得标识,可做书目描述或采用标准的引文格式进行描述,如:题名/创建者. 版本. 出版地 : 出版者, 出版年。

(3)元数据应用单位可根据具体应用采用其他编码体系修饰词。

编码体系修饰词及其用法:URI;DOI;ISRC;ISBN

必备性:可选

可重复性:不可重复

著录范例:

原版本:南征北战. 1952 版

4.13.2 其他版本

名称:has version

标签:其他版本

定义:说明另一资源是本资源的不同版本。

元素修饰词的著录内容:著录本视频资源与其他版本视频资源之间的关系。一般用字符串或数字代码标识原版本资源。

注释:(1)“其他版本”用于揭示原版本与制作视频资源过程中形成的其他版本之间的关系。

(2)建议采用符合正式标识体系的字符串进行标识。如果无法获得标识,可做书目描述或采用标准的引文格式进行描述,如:题名/创建者. 版本. 出版地 : 出版者, 出版年。

(3)元数据应用单位可根据具体应用采用其他编码体系修

饰词。

(4)如果著录对象是由模拟视频信号数字化后产生的数字视频资源,建议将其对应的视频原件的标识符或名称著录于“来源”元素。

编码体系修饰词及其用法:URI;DOI;ISRC;ISBN

必备性:可选

可重复性:可重复

著录范例:

其他版本:南征北战. 1974 版

4.13.3 包含

名称:has part

标签:包含

定义:说明资源在物理上或逻辑上包含了另一资源。

元素修饰词的著录内容:著录成系列的视频资源与其单集视频资源的关系,或者单集视频资源与其析出的视频信息之间的关系。一般采用字符串或数字代码标识被包含资源。

注释:(1)对于成系列的视频资源或单集视频资源,可根据实际需求采用分层著录,并在成系列视频资源与其单集视频资源之间,或者单集视频资源与其析出的视频信息之间用“包含”的关联方式建立联系。

(2)建议采用符合正式标识体系的字符串进行标识。如果无法获得标识,可用书目描述或采用标准的引文格式进行描述,如:题名/责任者. 版本. 出版地 : 出版者,出版年。

编码体系修饰词及其用法:URI;DOI;ISRC;ISBN

必备性:可选

可重复性:可重复

著录范例:

(题名:中华传统文化)

包含:敦煌莫高窟/马世长演讲

4.13.4　包含于

名称:is part of

标签:包含于

定义:说明本资源是另一资源的物理或逻辑组成部分。

元素修饰词的著录内容:著录单集视频资源与其成系列视频资源的关系,或者析出的局部视频信息与其整体视频资源之间的关系。一般用字符串或数字代码标识所包含的资源。

注释:(1)对于成系列的视频资源或单集视频资源,可根据实际需求采用分层著录,并在单集视频资源与其成系列视频资源之间,或者析出的视频信息与其单集视频资源之间用“包含于”的关联方式建立联系。

(2)建议采用符合正式标识体系的字符串进行标识。如果无法获得标识,可用书目描述或采用标准的引文格式进行描述,如:题名/责任者. 版本. 出版地:出版者,出版年。

编码体系修饰词及其用法:URI;DOI;ISRC;ISBN

必备性:可选

可重复性:不可重复

著录范例:

例1:(题名:敦煌莫高窟)
包含于:中华传统文化

例2:(题名:辽沈战役)
包含于:大决战
(注:《辽沈战役》是《大决战》的第1部。)

4.13.5　原格式

名称:is format of

标签:原格式

定义:说明本资源派生自另一资源,其内容相同,仅以不同的格式存在。

元素修饰词的著录内容:著录与本视频资源有关的原格式视频资源。一般用字符串或数字代码标识原格式资源。

注释:(1)原格式的相关资源为独立的可连接对象,另行单独著录。当根据实际应用需求,对同一数字化出版者或数字化制作者的同一内容、不同格式的视频资源分别进行单独著录时,可在此处著录某一视频资源的其他格式资源。如:派生出某一 MPEG 格式视频资源的 AVI 格式视频资源。

(2)建议采用符合正式标识体系的字符串进行标识。如果无法获得标识,可做书目描述或采用标准的引文格式进行描述,如:题名/责任者. 版本. 出版地 : 出版者, 出版年。

(3)元数据应用单位可根据具体应用采用其他编码体系修饰词。

编码体系修饰词及其用法:URI;DOI;ISRC;ISBN

必备性:可选

可重复性:可重复

著录范例:

原格式:http://vod.nlc.gov.cn/wmv/WJVAW1205150946.wmv

编码体系修饰词:URI

4.13.6 其他格式

名称:has format

标签:其他格式

定义:说明另一资源派生自本资源,其内容相同,仅以不同的格式存在。

元素修饰词的著录内容:著录与本视频资源有关的其他格式的视频资源。一般用字符串或数字代码标识其他格式的视频资源。

注释:(1)其他格式的相关资源为独立的可连接对象,另行单独著录。当根据实际应用需求,对同一数字化出版者或数字化制作者的、同一内容、不同格式的视频资源分别进行单独著录时,可在此处著录某一视频资源的其他格式资源。如:派生自某一 AVI 格式视频资源的 MPEG 格式视频资源。

(2)建议采用符合正式标识体系的字符串进行标识。如果无法获得标识,可做书目描述或采用标准的引文格式进行描述,如:题名/创建者. 版本. 出版地:出版者,出版年。

(3)元数据应用单位可根据具体应用采用其他编码体系修饰词。

编码体系修饰词及其用法:URI;DOI;ISRC;ISBN

必备性:可选

可重复性:可重复

著录范例:

其他格式: http://vod.nlc.gov.cn/mp4/WJVAW1205150946.mp4

编码体系修饰词:URI

4.13.7 参照

名称:references

标签:参照

定义:说明本资源参照、引用或以其他方式指向另一资源。

元素修饰词的著录内容:著录本视频资源引用的其他视频资源。一般用字符串或数字代码标识被参照资源。

注释:(1)"参照"这一元素修饰词揭示的是本视频资源与被引视频资源之间的关系。

(2)建议采用符合正式标识体系的字符串进行标识。如果无法获得标识,可做书目描述或采用标准的引文格式进行描述,如:题名/创建者. 版本. 出版地 : 出版者, 出版年。

编码体系修饰词及其用法:URI;DOI;ISRC;ISBN

必备性:可选

可重复性:可重复

著录范例:

(题名:建国大业)

参照:大决战. 第二部, 淮海战役

(注:《建国大业》用了《大决战》第二部《淮海战役》中的个别视频信息。)

4.13.8　被参照

名称:is referenced by

标签:被参照

定义:说明另一资源参照、引用或以其他方式指向本资源。

元素修饰词的著录内容:著录参照或引用本视频资源的其他视频资源。一般用字符串或数字代码标识其他资源。

注释:(1)"被参照"这一元素修饰词揭示的是本视频资源与引用本视频资源的其他视频资源之间的关系。

(2)建议采用符合正式标识体系的字符串进行标识。如果无法获得标识,可做书目描述或采用标准的引文格式进行描述,如:题名/创建者. 版本. 出版地:出版者,出版年。

编码体系修饰词及其用法:URI;DOI;ISRC;ISBN

必备性:可选

可重复性:可重复

著录范例:

(题名:大决战. 第二部, 淮海战役)

被参照:建国大业

(注:《大决战》第二部《淮海战役》中的个别视频信息被《建国大业》所用。)

4.14 时空范围

名称:coverage

标签:时空范围

定义:资源所涉及的空间或时间主题,即资源所适用的空间或资源所辖的范围。

元素的著录内容:著录视频资源内容涉及的时间(如:时代、日期、时间段)和空间(如:地点、地理坐标)。建议采用受控词表,并应尽可能地使用由数字表示的坐标或日期范围来描述地名与时间段。

注释:(1)有两个或多个时空范围时可重复本元素。相对应的时间范围与空间范围著录在同一"时空范围"元素内。

(2)元数据应用单位可根据具体应用采用其他编码体系修饰词。

元素修饰词:空间范围;时间范围

必备性:可选

可重复性:可重复

著录范例:

时空范围. 时间范围:name = 淮海战役; start: 1948; end: 1949;

编码体系修饰词:period

4.14.1 空间范围

名称:spatial

标签:空间范围

定义:资源知识内容涉及的空间特征。

元素修饰词的著录内容:著录视频资源内容涉及的空间特征,包括地点、地理坐标。

注释:元数据应用单位可根据具体应用采用其他编码体系修

饰词。

编码体系修饰词及其用法:point;ISO 3166;TGN

规范文档:ISO 3166;TGN

必备性:可选

可重复性:可重复

著录范例:

空间范围:name = 吉林;east = 43.87;north = 126.47

编码体系修饰词:point

4.14.2 时间范围

名称:temporal

标签:时间范围

定义:资源知识内容涉及的时间特征。

元素修饰词的著录内容:著录视频资源内容涉及的时间特征,包括时代、日期、时间段。

注释:元数据应用单位可根据具体应用采用其他编码体系修饰词。

编码体系修饰词及其用法:period;W3CDTF

必备性:可选

可重复性:可重复

著录范例:

例1:时间范围:中国清代

例2:时间范围:name = 解放战争时期; start: 1946; end: 1949;

编码体系修饰词:period

4.15 权限

名称:rights

标签:权限

定义:资源本身的所有者权利信息以及被赋予的权限信息。

元素的著录内容:著录与本视频资源有关的各种产权说明,包括知识产权、版权以及其他相关权利。记录视频资源的权限管理说明或提供相关信息的机构。若涉及版权拥有者或使用权限时,建议用本著录规则中有关的元素修饰词来著录。

元素修饰词:版权拥有者;使用权限

必备性:有则必备

可重复性:可重复

著录范例:

例1:权限.版权拥有者:中国国家图书馆

例2:权限.使用权限:永久使用

例3:权限.使用权限:2010-09-01/2012-08-31

4.15.1 版权拥有者

名称:rights holder

标签:版权拥有者

定义:拥有资源版权的个人或团体。

元素修饰词的著录内容:著录视频资源版权拥有者,可以是个人或机构的名称。

注释:根据在编视频资源收藏单位版权管理部门提供的有关资料,采用自由行文方式著录版权拥有者。

必备性:有则必备

可重复性:可重复

著录范例:

例1:版权拥有者:中国国家图书馆

例2:版权拥有者:首都图书馆

例3:版权拥有者:中央电视台

4.15.2 使用权限

名称:access rights

标签:使用权限

定义:被授权可以使用资源的个人、机构的职权范围以及对资源密级状态的说明。

元素修饰词的著录内容:著录被授权可以使用视频资源的个人与机构,说明视频资源的使用条件与访问政策,包括基于隐私、安全或其他规则才能对视频资源进行访问的信息。

必备性:有则必备

可重复性:可重复

著录范例:

使用权限:中国国家图书馆

4.16 版本

名称:edition

标签:版本

定义:指明资源的版本信息。

元素的著录内容:依据著录信息源著录视频资源的版本信息。

注释:不包括物理格式的变化产生的不同版本(如:某一视频资源的 wmv 格式与 flv 格式)。

必备性:有则必备

可重复性:可重复

著录范例:

例 1:版本:珍藏版

例 2:版本:简装版

4.17 受众

名称:audience

标签:受众

定义:信息传播的接受者。

元素的著录内容:著录视频资源的适用对象。

注释:(1)建议视频资源的受众可按“大众、婴幼儿、儿童、少年、青年、中年、老年、专业人员”取值,也可以自行规定受众类型。

(2)根据在编视频资源内容的实际情况,可以取两个或多个受众类型,并重复使用“受众”修饰词。

必备性:可选

可重复性:可重复

著录范例:

例1:受众:大众

例2:受众:专业人员

4.18 馆藏信息

名称:location

标签:馆藏信息

定义:资源的馆藏信息。

元素的著录内容:著录收藏或获取视频资源的机构。

元素修饰词:馆藏地;馆藏单位;索取号

必备性:有则必备

可重复性:可重复

著录范例:

例1:馆藏信息.馆藏地:北京
馆藏信息.馆藏单位:中国国家图书馆
馆藏信息.索取号:VC002447

例2:馆藏信息.馆藏地:北京
馆藏信息.馆藏单位:中央电视台
馆藏信息.索取号:S000007

4.18.1 馆藏地

名称:place of holding agency

标签:馆藏地

定义:资源馆藏单位的所在地。

元素修饰词的著录内容:馆藏地著录在编视频资源收藏单位所在地的城市名称。

必备性:可选

可重复性:可重复

著录范例:

馆藏地:上海

4.18.2 馆藏单位

名称:holding agency

标签:馆藏单位

定义:资源的收藏单位。

元素修饰词的著录内容:(1)馆藏单位著录收藏在编视频资源单位的正式名称。(2)视频资源的“馆藏单位”既可以用文字著录,也可以著录规范化的馆藏单位代码。

必备性:有则必备

可重复性:可重复

著录范例:

馆藏单位:文化部全国公共文化发展中心

4.18.3 索取号

名称:call number

标签:索取号

定义:代表每种资源在收藏单位整个馆藏体系中特有位置的号码。

元素修饰词的著录内容:依收藏单位提供的编号如实照录视频资源的索取号。

必备性:有则必备
可重复性:可重复
著录范例:
索取号:YSB0002884

4.19 源载体

名称:source medium
标签:源载体
定义:当本资源转换自其他载体时,说明源载体的特征。
元素修饰词的著录内容:当视频资源转换自其他载体介质,且与原作分别著录时,本元素记录源载体的特征。
注释:供转换自物理载体的数字化视频资源使用。
必备性:有则必备
可重复性:可重复
著录范例:
源载体:盒式录像带

附录

（规范性附录）

常用的中外文语种词表

语种	语种	语种
阿昌语	汉语（中文）	羌语
白语	赫哲语	日语
保安语	基诺语	撒拉语
崩龙语	京语	水语
布朗语	景颇语	塔吉克语
布依语	柯尔克孜语	塔塔尔语
朝鲜语	拉祜语	土家语
达斡尔语	黎语	土语
傣语	傈僳语	佤语
德语	珞巴语	维吾尔语
东乡语	满语	乌孜别克语
侗语	毛难语	锡伯语
独龙语	门巴语	瑶语
俄语	蒙古语	彝语
鄂伦春语	苗语	仡佬语
鄂温克语	仫佬语	英语
法语	纳西语	裕固语
高山语	怒语	藏语
哈萨克语	普米语	壮语

参考文献

1. 肖珑,申晓娟. 国家图书馆元数据应用总则规范汇编[M]. 北京:国家图书馆出版社,2011.

2. 国家图书馆《中国文献编目规则》修订组. 中国文献编目规则[M]. 北京:北京图书馆出版社(今国家图书馆出版社),2005.

3. The DCMI-Libraries Working Group. DC-Library Application Profile (DC-Lib) [EB/OL]. [2012 - 02 - 10]. http://dublincore.org/documents/2002/09/24/library-application-profile/.

后　记

“国家数字图书馆工程专门元数据标准与著录规范——视频资源”项目，是国家数字图书馆工程标准规范建设项目之一。该项目要求结合对国内外视频资源元数据标准规范研究与应用情况的调研，以及国家数字图书馆建设需要，根据《国家图书馆元数据应用规范》和《国家图书馆专门元数据设计规范》的要求，制定国家图书馆视频资源元数据规范和著录规则。国家图书馆为此于2007年10月专门成立了“国家数字图书馆工程专门元数据标准与著录规范——视频资源”项目组，于2008年7月完成了技术需求书。2009年7月，文化部全国公共文化发展中心受国家图书馆委托承担“国家数字图书馆工程专门元数据标准与著录规范——视频资源”项目的研制任务，2009年8月双方签订了研制合同。

为顺利完成研制任务，实现为国家数字图书馆建设提供视频资源元数据规范的目标，文化部全国公共文化发展中心联合北京大学现代教育技术中心和北京大学信息管理系，共同组成研制团队，制定项目实施计划，推进项目研制工作。研制任务的具体承担人包括：

国家图书馆视频资源元数据规范调研报告：邱奉捷、李芙蓉、段明莲、王一帆

国家图书馆视频资源元数据规范：段明莲、王胜清、王一帆、李芙蓉、邱奉捷、陈文广

国家图书馆视频资源元数据著录规则：段明莲、王胜清、李芙蓉、邱奉捷、王一帆、陈文广

国家图书馆视频资源元数据规范著录样例：段明莲、王胜清、王一

帆、李芙蓉、邱奉捷、陈文广、琚存华、刘平、陈艳平

在项目的研制过程中，研制单位对国内外视频资源元数据发展现状进行了广泛深入的调研，在国家图书馆项目组的协助下，研制单位多次赴国家图书馆，通过参观、访谈等方式进行了现场调研，了解国家图书馆馆藏视频资源的类型、特征、用户需求和管理要求。2010 年 4 月，研制单位首次提交了研制成果。之后，国家图书馆项目组与项目研制单位又经过多次沟通，对成果进行了反复修改，最终形成了国家图书馆视频资源元数据规范及其相关文件。2012 年 6 月通过国家图书馆项目组验收，2012 年 7 月通过国家图书馆馆内专家验收，2012 年 9 月完成网上公开质询，2012 年 10 月通过国内业界专家验收，至此该项目全部完成。这次结集成书的正是该项目的研究成果。

项目的研制，得到了国家图书馆汪东波、富平、高红、申晓娟、毛雅君、龙伟等专家、同仁的大力支持，也得到中国科学技术信息研究所沈玉兰、清华大学图书馆姜爱蓉、首都图书馆邓菊英、北京师范大学耿骞、中国科学院国家科学图书馆宋文等业界专家的指导与帮助，在此表示由衷的感谢！

编者

2013 年 5 月 8 日